Schürzen-Chic

Schürzen-Chic

35 einfache Modelle zum Selbernähen

Mit Schnittmusterbogen

ROB MERRETT

Bassermann

ISBN: 978-3-8094-8023-5

© 2010 by Bassermann Verlag, einem Unternehmen
der Verlagsgruppe Random House GmbH, 81673 München
Dieses Buch wurde erstmals 2009 in Großbritannien unter dem Titel
The Perfect Apron von Cico Books, einem Imprint von Ryland Peters & Small
Ltd, 20-21 Jockey's Fields, London WC1R 4 BW veröffentlicht.

Text Copyright © Rob Merrett 2009
Photographie, Design und Layout Copyright © Cico Books 2009

Projektkoordination: Dr. Iris Hahner
Umschlaggestaltung: contact@inaction.de
Übersetzung: Regine Felsch
Gesamtproducing: berliner buch.macher

Inhalt

Einführung

Kapitel 1: Zurück zu den Wurzeln

Kapitel 2: Küchen-Couture

Kapitel 3: Häusliches Glück

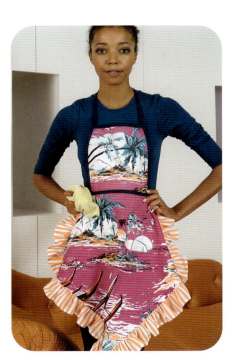

Einführung

Seit Urzeiten offenbar kennt man die Schürze – schon Adam und Eva trugen eine, um sich schamhaft vor fremden Blicken zu schützen: „Da gingen ihnen beiden die Augen auf, und sie nahmen wahr, daß sie nackt waren; darum hefteten sie Blätter vom Feigenbaum zusammen und machten sich Schürze daraus." (Die Schöpfung, Kapitel 3, Vers 7)

In jüngerer Zeit ist die Schürze traditionell eher ein wichtiges Kleidungsstück, das man beim Erledigen von Hausarbeiten trägt. Heute erlebt sie ihre Renaissance als fröhliches, praktisches und modisches Accessoire für Frauen, Männer und Kinder.

Für mich weckt die Schürze süße Erinnerungen an eine behütete, unschuldigere Zeit. So wie der Waschtag am Montag, der Bügeltag am Dienstag, der Freitagsfisch und die Sonntagsschule, so war die Schürze Teil meiner Kindheit. Ob beim Backen, Putzen oder in der Essenszeit: Mutter und Tanten trugen – wie alle fleißigen Hausfrauen – einen hübschen Kittel, oft mit kleinem Spitzentaschentüchlein in der Tasche. Meine Großmutter bevorzugte einen geraden, strengeren Stil: mit ihrer langen Kittelschürze, angelehnt an die 30er und 40er Jahre. Ein Wickeloberteil schützte ihr Kleid, wenn sie unerschrocken einige Brotscheiben gefährlich nah vor ihrer Brust abschnitt. Die ältere Frauengeneration meiner Familie trug Schürzen nicht nur, um die Kleidung

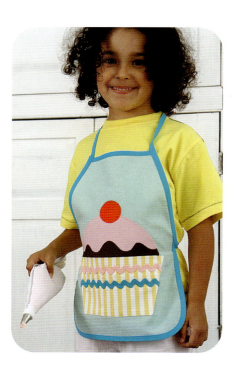

zu schützen, um mit ihnen Krokodilstränen abzutupfen oder um sie als praktische „Reise-taschen" zu nutzen — beispielsweise für den Transport von Wäscheklammern zur Leine im Garten —, sondern einfach, weil man eben tagsüber daheim eine Schürze trug in seiner Rolle als glückliche, sanfte und weibliche Mutter, Ehefrau und Haustierversorgerin.

Ich hoffe, dieses Buch weckt liebevolle Erinnerungen und inspiriert Sie, den Sprung zum Ent-werfen eigener Modelle zu wagen. Mit seinen praktischen, attraktiven Ideen sowie mit der kom-pakten Einführung in die Grundtechniken spornt das Buch, so hoffe ich, auch unerfahrene Näher und Näherinnen an — die dann erstmals zu Nadel und Faden greifen und mit dem Schnei-dern starten.

Denken Sie daran, vor dem Nähen immer zu stecken und zu heften, so gehen Sie anfangs auf „Nummer sicher". Wenn Sie das Schneidern ernsthafter betreiben wollen, sollten Sie in eine Overlock-Maschine investieren. Sie kann Nahtzugaben zurückschneiden und gleichzeitig mit Überwendlingsstichen versäubern. So ist der Abschluss sauber, attraktiv und professionell — und Sie ersparen sich das häufige Nähen von aufgesteppten Säumen.

Viel Freude beim Nähen!

Perfekte Falten (Seite 12)

Klarschiff machen (Seite 10)

Zickzack-Chick (Seite 16)

Kapitel 1

Zurück zu den Wurzeln

Klarschiff machen

Dieses Basic-Modell für Anfänger ist recht schnell genäht. Der raffinierte, waagerecht verarbeitete Matratzendrell erinnert an den Strand, er sorgt mit der marineblauen Einfassung für den maritimen Look und unaufdringlichen Chic. Ein ideales Modell für den sportlich-lässigen Lebensstil an „angesagten" Orten – diese Schürze zeigt Stil, wenn Sie damit auf der Yacht Staub wischen, das Deck schrubben oder am Strand Muscheln zubereiten. „Reich mir das Meersalz, Schatz!"

Sie brauchen:

50 cm Matratzendrell (144 cm breit) für das Schürzenteil

50 cm Matratzendrell in einer Kontrastfarbe (144 cm breit) für die Tasche

190 cm Schrägband (2,5 cm breit)

100 cm Baumwollband (2,5 cm breit) für die Bindebänder

15 cm Haftvlies zum Aufbügeln

Schneiderkreide

Nähmaschine

Nadel und passendes Nähgarn

Nähen Sie mit einer 1,5 cm breiten Nahtzugabe, sofern nichts anderes vermerkt ist.

1.

Für das Schürzenteil schneiden Sie aus Matratzendrell ein 44 x 58,5 cm großes Rechteck zu. Legen Sie es danach mit einer Schmalseite vor sich auf den Tisch. Runden Sie die beiden unteren Ecken ab, indem Sie mit Schneiderkreide die Kontur einer kleinen Schüssel nachzeichnen (Durchmesser 14,5 cm). Den überschüssigen Stoff schneiden Sie entlang der Kreidelinie ab.

2. Versäubern Sie die andere Schmalseite des Schürzenteils mit einem aufgesteppten Saum, so wie auf Seite 114 oben beschrieben. Dabei schlagen Sie die Kante zuerst 1,5 cm, dann 5 cm breit zur linken Stoffseite um.

3.

Für die Tasche schneiden Sie aus dem andersfarbigen Matratzendrell einen 15,5 x 44 cm großen Streifen zu. Fassen Sie die obere Längsseite mit Schrägband ein (siehe Seite 112). An der unteren Längskante bügeln Sie eine 1,5 cm breite Saumzugabe nach links. Legen und stecken Sie die Tasche, mit der rechten Stoffseite nach oben, auf die rechte Stoffseite des Schürzenteils, wobei der Abstand oben zwischen Einfassung und Bund 15 cm beträgt. Steppen Sie den Streifen entlang der Unterkante fest. Messen Sie die senkrechte Taschenmitte aus und markieren Sie diese Linie mit Stecknadeln. Steppen Sie dann entlang dieser Linie das Taschen- und Schürzenteil zusammen, um die Tasche zu unterteilen. Die Nahtenden sichern Sie mit einigen Rückstichen.

4. Für die Bindebänder schneiden Sie das Baumwoll-
band in zwei Teile. Ein Ende legen Sie auf die linke
Schürzenbundseite, etwa 1,5 cm unterhalb der
Kante. Liegen die Schnittkanten von Band und
Bund bündig zusammen, steppen Sie das Band fest.
Verfahren Sie mit dem zweiten ebenso.

5.

Schneiden Sie ein 145 cm langes Schrägband zu und
fassen Sie damit die Unter- und Seitenkanten der
Schürze ein (siehe Seite 112 unten). Auch die seitlichen Taschenkanten müssen sicher im Band mit-
gefasst sowie die Enden und Nahtzugaben sauber
eingeschlossen sein.

6. Für die Anker-Applikation schneiden Sie eine
Schablone nach dem Motiv auf Seite 125 zu.
Folgen Sie dann der Anleitung auf Seite 112 oben.

Perfekte Falten

Wenn Sie das nächste Mal ein Sushi-Essen servieren, tragen Sie zu dem Anlass diese japanisch inspirierte Kreation aus schimmernder Wildseide. Der florale Baumwollstoff für Bordüre und Futter sowie die extravagante Schleife, inspiriert vom Knoten der Kimono-Schärpe, lassen den Glanz einer Geisha erahnen. Der einfache sportliche Schnitt und die orientalischen Einflüsse dieser eleganten Wendeschürze verschmelzen östliche und westliche Kulturen miteinander.

Sie brauchen:

60 cm Wildseide (112 cm breit) für Schürzenvorderseite, Bund, Bindebänder und Schleife

75 cm floralen Baumwollstoff (112 cm breit) für Blende, Schürzenrückseite und Schleife

Nähmaschine

Nadel und passendes Nähgarn

Nähen Sie mit einer 1,5 cm breiten Nahtzugabe, sofern nichts anderes vermerkt ist.

1. Schneiden Sie ein 49 x 81 cm großes Stück aus dem floralen Stoff für die Rückseite der Schürze zu sowie einen 13 x 81 cm großen Streifen als Bordüre. Aus der Wildseide schneiden Sie für die Vorderseite ein 39 x 81 cm großes Stück zu.

2. Steppen Sie, rechts auf rechts, den Bordüren-streifen mit einer Längsseite an eine Längsseite der Wildseide. Bügeln Sie die Naht von links aus.

3.

Zum Verstürzen der Flächen legen Sie das innere, florale Schürzenteil mit dem äußeren, zweiteiligen rechts auf rechts bündig übereinander. Stecken und steppen Sie die Teile an der langen unteren Kante (Bordüre) und an den zwei kurzen Seitenkanten zusammen. Die oberen Längskanten bleiben offen. Kürzen Sie die Nahtzugaben etwas und schneiden Sie sie an den Ecken schräg zurück (siehe Seite 117). Wenden Sie die Schürze dann auf rechts. Schieben Sie die Kanten sorgfältig nach außen und bügeln Sie sie, damit die beiden Lagen wirklich rechteckig sind und faltenfrei aufeinanderliegen.

4.

Steppen Sie nun die untere und die seitlichen Kanten knappkantig ab. Nähen Sie danach genau durch die Ansatznaht zwischen Bordüre und Wildseide. Zum Zusammenhalten der Lagen nähen Sie jetzt auch die Oberkante zusammen.

5.

Für die Kellerfalte in der Mitte messen Sie an Saum und oberer Schnittkante je 23 cm von jeder Schmalseite aus ab und von diesen Punkten nochmals je 8 cm. Markieren Sie die vier Stellen mit Stecknadeln. Die vier äußeren Nadeln führen Sie so zur Mitte, dass sich der Stoff viermal senkrecht faltet. Bügeln Sie die Kellerfalte und steppen Sie sie ganz oben an der Schnittkante fest.

6. Für den Bund schneiden Sie ein 15 x 49 cm großes Stück aus dem Seidenstoff zu und für die Bindebänder aus dem floralen Stoff zwei 11 x 60 cm große Streifen. Nähen Sie Bund und Bindebänder nach der Anleitung auf Seite 119 an den Rock.

7.

Schneiden Sie für die Schleife aus dem floralen und dem Seidenstoff jeweils einen 7 x 100 cm großen Streifen zu. Steppen Sie die Streifen, rechts auf rechts, entlang beider Längskanten zusammen – die Enden bleiben offen. Wenden Sie das Band auf rechts und bügeln Sie es flach. Schneiden Sie von einem Ende ein 16 cm langes Stück ab, legen Sie es zunächst zur Seite. Das lange Band legen Sie auf die Hälfte zusammen. Die Faltkante markieren Sie mit einer Stecknadel.

8. 24 cm von dieser Faltkante entfernt steppen Sie quer durch alle Lagen des Bandes. Die entstandene Schlaufe verschieben Sie nun so, dass die Naht genau auf die Stecknadelmarkierung trifft. Steppen Sie die Schlaufe an dieser Stelle zusammen. Die freien Enden klappen Sie nun ebenfalls schlaufenförmig zur Mitte, wo sie sich 5 mm überlappen sollen. Dort nähen Sie sie fest.

9. Wickeln Sie das zuvor abgeschnittene Stück in der Mitte um die Nahtverbindung, um die elegante Schleife zu versäubern. Auf der Rückseite sichern Sie die Enden mit einigen Stichen. Ebenfalls von Hand nähen Sie diese Schleife, oberhalb der Kellerfalte, an die Verbindungsnaht zwischen Rockteil und Bund.

Zickzack-Chic

Horizontale Streifen wirken flott und maritim, während vertikale Streifen einen verschlankenden Effekt haben. Doch die fröhlichste, koketteste und schmeichelhafteste Art, Streifen zu tragen, bietet der Schrägverlauf: Vorteilhaft und reizvoll umspielen dabei die Streifen die sanften Körperkonturen. Noch spannender ist es, wenn Sie Stoffteile mit verschiedenen Streifenrichtungen kombinieren – so entsteht ein neues Zickzackmuster. Je einfacher die Streifenabfolge, umso leichter lassen sich die Teile anhand der Schnittmuster passgenau zuschneiden und zusammennähen.

Sie brauchen:

100 cm gestreiften Baumwollstoff (112 cm breit) für Schürzenteil, Latz und Tasche

310 cm Schrägband (2,5 cm breit) für Bund, Bindebänder, Latz und Nackenbänder

Schnittmusterpapier

Nähmaschine

Nadel und passendes Nähgarn

Nähen Sie mit einer 1,5 cm breiten Nahtzugabe, sofern nichts anderes vermerkt ist.

1.

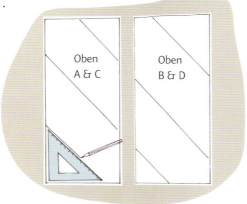

Um ein Schnittmuster anzufertigen, zeichnen Sie zwei 18 x 52,5 cm große Rechtecke auf Papier. Schneiden Sie sie aus. Kennzeichnen Sie das eine Rechteck in der Nähe der oberen Schmalseite mit „oben – A & C", das zweite Rechteck mit „oben – B & D". Zeichnen Sie dann mehrere parallel verlaufende Hilfslinien im 45-Grad-Winkel von oben links nach unten rechts auf beide Teile (Fadenlauf/Streifenverlauf).

2.

Für das Schnittmuster des Schürzenlatzes schneiden Sie ein 25 x 25 cm großes Quadrat aus Papier. An der Seite, die später die Oberkante sein soll, messen Sie von jeder Ecke 2,5 cm ab. Von dort aus ziehen Sie an jeder Seite eine Linie bis hinunter zur korrespondierenden Ecke an der rechten und linken Seite. Schneiden Sie entlang dieser Linien das überschüssige Papier ab.

3.

Falten Sie den Stoff so auf die Hälfte zusammen, dass die einzelnen Streifen passgenau übereinander-liegen. Die zwei Papierrechtecke legen Sie so darauf, dass einerseits die Hilfslinien parallel zu den Streifen liegen und dass andererseits die Streifenfolge unter jedem Papier exakt gleich ist – was auf der Abbil-dung nur grob und nicht ganz richtig angedeutet ist. Auch kann Ihr Stoff in anderer Richtung gefaltet sein. Nach dem Feststecken schneiden Sie den zweilagigen Stoff zu.

4.

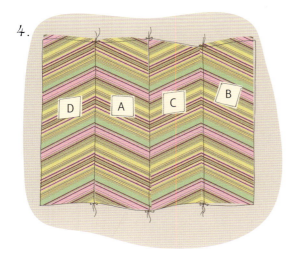

Nehmen Sie die Papierteile vorsichtig ab, ohne die Stofflagen zu trennen. Stecken Sie ein Zettelchen mit A auf die rechte Stoffseite des betreffenden Streifens, mit C kennzeichnen Sie sein Gegenstück darunter. Die zwei Lagen des anderen Streifenpaares markieren Sie mit B und D. Legen Sie die nun getrennten Streifen mit der rechten Seite nach oben in der Reihenfolge D, A, C und B zu einem Zackenmuster nebeneinander. Mit passgenau liegenden Streifen stecken und steppen Sie die Teile sorgfältig rechts auf rechts zusammen.

5.

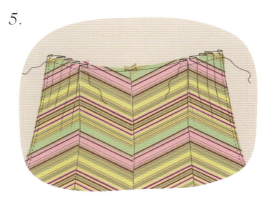

Versäubern Sie die Schürze rechts und links mit einem aufgesteppten Saum (siehe Seite 114). Dabei schlagen Sie die Kanten 6 mm und dann 9 mm breit nach links um. Für den unteren Schürzensaum schlagen Sie den Stoff zweimal je 1,5 cm breit um. An der Oberkante legen Sie die äußeren Streifen B und D in vier 1,5 cm tiefe Falten, die Sie 5 mm von der Schnittkante entfernt feststeppen. Den senkrecht gestreiften Schürzenlatz schneiden Sie anhand des Papierschnitts zu.

6.

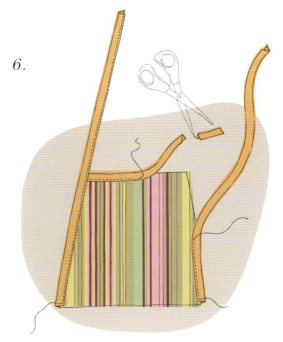

Fassen Sie die Latzoberkante mit einem 20 cm langen Schrägband ein (siehe Seite 112). Die Enden schrägen Sie ab – den seitlichen Schnittkanten folgend. Schneiden Sie zwei 70 cm lange Schräg-bänder zu. Mit jeweils einem Ende stecken Sie die Einfassung an die seitlichen Latzkanten, im weiteren Verlauf stecken Sie jedes Nackenband zusammen. Die ganzen Bänder steppen Sie knappkantig ab und säumen die Enden.

7. Stecken Sie den Latz genau mittig, links auf links, auf die Schürzenoberkante. Mit füßchenbreitem Abstand zur Kante steppen Sie ihn fest.

8.

Um Bund und Taillen-Bindebänder in einem Arbeitsgang anzubringen, schneiden Sie 150 cm Schrägband zu. Falten Sie es auf die Hälfte zusammen und markieren Sie die so gefundene Mitte mit einer Stecknadel. Fassen Sie die Schnittkanten von Schürzenteil und Latz nun sorgfältig mit dem längs gefalteten Band ein, wobei die Stecknadelmarkierung genau mittig oben an der Schürze sitzen soll. Um gleichzeitig das Schrägband an die Schürze zu nähen und im weiteren Verlauf zu schließen, stecken, heften und steppen Sie dann das gesamte Band ab. Die Schnittkanten am Ende versäubern Sie mit einem Saum.

9. Für die aufgesetzte Tasche schneiden Sie ein 13 x 17 cm großes Rechteck im schrägen Streifenverlauf zu (45-Grad-Winkel). Versäubern Sie die schmale Oberkante mit einem aufgesteppten Saum, für den Sie die Kante zuerst 1,5 cm und dann 2 cm breit zur linken Stoffseite umschlagen und dann steppen (siehe Seite 114). Schlagen Sie die übrigen drei Kanten jeweils 1,5 cm nach links um und bügeln Sie sie. Wenn Sie die richtige Positon für die Tasche auf der Schürze gefunden haben, stecken und heften Sie sie zunächst fest, bevor Sie sie knappkantig mit der Maschine aufsteppen.

Calypso (Seite 30)

Porzellanpuppe (Seite 34)

Heiße Lippen (Seite 22)

Rive gauche (Seite 24)

Mode à la Parisienne (Seite 26)

Cocktailstunde (Seite 28)

Kapitel 2

Küchen-Couture

Heiße Lippen

Aufregende, ironische Applikationen machen die einfache Schürze zum Kunstwerk. Sinnliche rote Lippen zieren die Mitte. Augenzwinkernd verweisen sie auf Salvador Dalí und die witzigen, respektlosen Kreationen der surrealistisch inspirierten Modeschöpferin Elsa Schiaparelli. Ein Geschenk zum Valentinstag! Also, liebe Männer – meldet Euch für Nähkurse an.

Sie brauchen:

75 cm einfarbigen dunklen Baumwollstoff (112 cm breit) für Schürzenteil, Rüsche, Bund und Bindebänder

drei Stücke einfarbigen Baumwollstoff in abgestuften leuchtenden Tönen (ca. 10 x 50 cm) für die Applikationen

225 cm Satinband (2,5 cm breit)

25 cm Haftvlies zum Aufbügeln

Schnittmusterpapier

Baumwollstickgarn

Nähmaschine

Nadel und passendes Nähgarn

Nähen Sie mit einer 1,5 cm breiten Nahtzugabe, sofern nichts anderes vermerkt ist.

Hinweis:

Zum mühelosen Ausschneiden der Lippenmotive ist eine spitze Stickschere unerlässlich.

1.

Mithilfe des Schnittmusters A auf dem großen Bogen übertragen Sie die Schürzenform auf den dunklen Baumwollstoff und schneiden sie zu. Legen Sie an der oberen Schnittkante, jeweils 10 cm von den Ecken entfernt, zwei 2,5 cm tiefe Falten, die auf der Vorderseite zur Mitte weisen, um so eine obere Schürzenbreite von 38 cm zu erhalten. Stecken und steppen Sie die Falten knapp unterhalb der Schnittkante fest.

2. Für die Applikationen übertragen Sie die vier Lippenformen auf Seite 124 und 125 auf Papier und schneiden sie aus. Folgen Sie dann der Anleitung für Applikationen auf Seite 112 oben.

3. Schneiden Sie drei 6 x 77 cm große Streifen aus dem dunklen Stoff für die Rüsche zu. Steppen Sie sie mit der Maschine zu einem langen Band zusammen. Damit die Nahtzugaben nicht ausfransen, schneiden Sie sie mit einer Zackenschere etwas zurück oder versäubern sie mit dem Zickzackstich an der Nähmaschine.

4.

Fassen Sie eine Längskante des Streifens mit 225 cm Satinband ein (siehe Seite 112), ohne jedoch vorher dessen Kanten einzuschlagen. Kräuseln Sie die andere Streifenseite von Hand oder maschinell auf die benötige Länge ein (siehe Seite 114 und 115). Stecken, heften und steppen Sie diese Rüsche rechts auf rechts an die Schürze.

5. Schneiden Sie ein 15 x 49 cm großes Rechteck für den Bund und zwei 9 x 48 cm große Streifen für die Bindebänder zu. Nähen Sie diese Teile anhand der Anleitung auf Seite 119 oben an die Schürze.

6.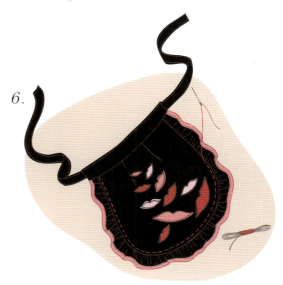

Mit Nadel und kontrastreichem Stickgarn sticken Sie mit langen Vorstichen eine Zierlinie auf die rechte Stoffseite: genau an der Verbindungsnaht zwischen Rüsche und Schürzenteil.

Rive gauche

Als Hommage an Coco Chanel greift dieses Kultobjekt der 1950er-Jahre-Haushalte einige ihrer Markenzeichen auf – kontrastreiche Blenden und Täschchen im Cardigan-Stil. Wollen Sie noch genauer sein, verzieren Sie den Bund mit einer erschwinglichen Goldkette. Nehmen Sie sich Zeit beim Kanteneinfassen, denn erst der saubere Abschluss macht den Unterschied. Obwohl das schicke Modell sehr praktisch ist, wäre es stillos, sich die Hände daran abzuwischen.

Sie brauchen:

50 cm Leinenstoff (110 cm breit) für Schürzenteil und Taschen

318 cm Baumwollband in einem Kontrastton (2,5 cm breit) für Blenden und Bindebänder

zwei kleine dekorative Goldknöpfe

Nähmaschine

Nadel und passendes Nähgarn

Nähen Sie mit einer 1,5 cm breiten Nahtzugabe, sofern nichts anderes vermerkt ist.

Hinweis:

Eine Schürze in Beige, mit rotem Band abgesetzt, wäre eine alternative schicke Farbkombination.

1.

Für das Schürzenteil schneiden Sie aus dem Leinenstoff ein 41,5 x 53 cm großes Rechteck zu. Legen Sie es mit der rechten Stoffseite nach oben vor sich auf den Tisch. Klappen Sie die Kanten an einer langen und den zwei kurzen Seiten 1,5 cm breit nach oben um. Bügeln Sie diese drei Ränder. Schneiden Sie ein 128 cm langes Stück vom Baumwollband ab. Legen und stecken Sie es so wie einen Rahmen auf die gebügelten Ränder, dass außen die Faltkanten mit der Streifenkante bündig liegen und die Ecken sorgfältig ausgeformt sind. Steppen Sie diese Blende knappkantig fest.

2. Die Taschen schneiden Sie anhand des Schnittmusters 5 auf Seite 126 zu: Stecken Sie es auf eine doppelte Lage des Leinenstoffs und schneiden Sie die zwei Taschen aus.

3.

Klappen Sie an einer Tasche die obere Kante 1,5 cm breit zur rechten Stoffseite um und bügeln Sie diesen Rand. Legen und stecken Sie einen 13 cm langen Streifen des Baumwollbandes so darüber, dass Falt- und Bandkante bündig liegen und die Enden überstehen. Steppen Sie diese Blende fest. Wiederholen Sie diesen Vorgang auch bei der anderen Tasche. An den drei anderen Seiten der zwei Taschen klappen Sie die Kanten 1,5 cm breit auf die linke Seite um, wobei Sie die Fältchen an den Rundungen mit dem Dampfbügeleisen möglichst flachbügeln. Positionieren Sie die Taschen auf der Schürze. Stecken, heften und steppen Sie sie an je drei Seiten möglichst knappkantig fest. Zur Verzierung nähen Sie jeweils einen hübschen Knopf auf die Mitte der zwei Taschenblenden.

4.

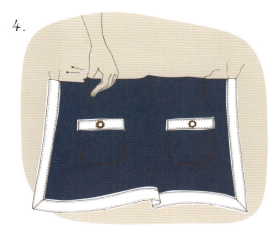

Markieren Sie die obere Schürzenmitte mit einer Stecknadel, indem Sie das Modell zuvor vertikal auf die Hälfte legen. Messen Sie von da aus 12 cm entlang der Schnittkante ab. Dort kerben Sie die zwei Stofflagen mit der Schere leicht ein. Klappen Sie den Stoff auseinander und legen Sie ihn an diesen Passzeichen in 2 cm tiefe Falten. Diese steppen Sie nach dem Bügeln von oben aus auf einer Länge von 3,5 cm fest.

5.

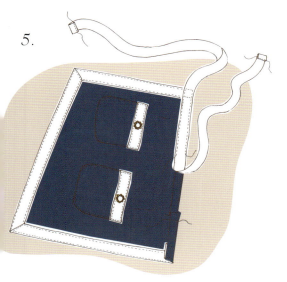

Klappen Sie die obere Schnittkante der Schürze 1,5 cm breit zur rechten Stoffseite um und bügeln Sie diesen Rand. Schneiden Sie ein 164 cm langes Baumwollband zu und markieren Sie die Mitte. Legen und stecken Sie es so über den gebügelten Rand, dass Falt- und Bandkante bündig liegen und die Mittelmarkierungen übereinstimmen. Nähen Sie es möglichst knappkantig auf den Stoff. Zur Verstärkung steppen Sie seitlich, dort wo die Schürze endet, je ein durchkreuztes Quadrat auf den Bund. Die Enden des Bandes versäubern Sie mit einem aufgesteppten Saum.

Mode à la Parisienne

Die Schürze einer Serviererin in einem Wiener Café inspirierte mich zu diesem kessen Modell. Obwohl der

Schnitt ursprünglich eher aus Österreich als aus Frankreich stammt, erinnern seine freche Kürze, der

verspielte Latz und die Rüschen aus Lochspitze an die früheren Hausmädchen in der Belle Époque.

Hübsch und praktisch zugleich – diese federleichte Zierschürze ist für einfache Hausarbeiten ideal.

Sie brauchen:

55 cm bedruckten Baumwollstoff (140 cm breit) für Rockteil, Latz und Bindebänder

368 cm Lochspitze (4 cm breit)

140 cm Baumwollband (1,5 cm breit) für das Nackenband

Schnittmusterpapier

Schneiderkreide

Nähmaschine

Nadel und passendes Nähgarn

Nähen Sie mit einer 1,5 cm breiten Nahtzugabe, sofern nichts anderes vermerkt ist.

---

1. Für das Schürzenteil schneiden Sie ein 31 x 59 cm großes Stoffrechteck zu. Legen Sie danach das Teil vor sich auf den Tisch, eine Breitseite zeigt zu Ihnen. Runden Sie die beiden unteren Ecken ab, indem Sie mit Schneiderkreide die Kontur einer kleinen Schüssel nachzeichnen (Durchmesser 14,5 cm). Den überschüssigen Stoff schneiden Sie entlang der Linie ab. Den Stoff an der Kante gegenüber versehen Sie beidseitig und in gleichmäßigen Abständen mit je drei 1,5 cm tiefen Falten, die Sie 1 cm unterhalb der Schnittkante annähen.

2.

Für die untere Rüsche kräuseln Sie ein 220 cm langes Stück Lochspitze von Hand oder mit der Nähmaschine auf die halbe Länge ein – bis es 110 cm lang ist (siehe Seite 114 und 115). Stecken und heften Sie die Rüsche, rechts auf rechts, so rundherum auf die drei Schürzenränder, dass die Schnittkanten bündig liegen. Steppen Sie die Rüsche fest. Damit die Nahtzugaben nicht ausfransen, schneiden Sie sie mit einer Zackenschere etwas zurück oder versäubern sie mit dem Zickzackstich an der Nähmaschine. Beide Zugaben bügeln Sie dann flach zur Schürze hin und steppen sie von der rechten Stoffseite aus knapp neben der Verbindungsnaht zusätzlich fest.

3. Für das Schnittmuster des Schürzenlatzes schneiden Sie ein 26,5 x 28 cm großes Papierrechteck aus. An der Schmalseite, die später die Oberkante sein soll, messen Sie von jeder Ecke 3 cm ab. Von dort aus ziehen Sie beidseitig eine Linie bis hinunter zur korrespondierenden Ecke an der rechten und linken Seite. Schneiden Sie entlang dieser Linien das überschüssige Papier weg. Beim Abrunden der oberen Ecken hilft ein Eierbecher.

4.

Legen Sie das Schnittmuster auf eine doppelte Lage des Stoffs, um den Latz doppelt zuzuschneiden. Ein 148 cm langes Stück Lochspitze kräuseln Sie auf die Hälfte ein. Stecken und heften Sie diese Rüsche, rechts auf rechts, so rundherum auf die drei Ränder eines Latzteils, dass die Schnittkanten bündig liegen. Steppen Sie sie fest. Stecken Sie je ein Ende von zwei 70 cm langen Baumwollbandstücken oben neben jede Ecke, die Bänder weisen zum Latz hin. Das zweite Latzteil platzieren Sie, rechts auf rechts, passgenau darüber, damit Rüsche und Nackenbänder zwischengefasst sind. Stecken, heften und steppen Sie die Teile an beiden Seiten und oben zusammen. Die Nahtzugaben kürzen Sie etwas und knipsen sie an den Rundungen mehrfach ein, bevor Sie den Latz wenden und bügeln. Steppen Sie die berüschten Kanten knapp neben der Naht nochmals ab.

5.

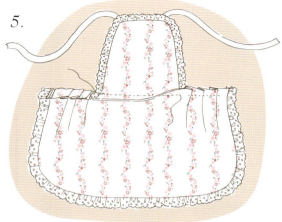

Um die senkrechte Mitte herauszufinden, legen Sie jeweils Unterteil und Latz der Schürze längs auf die Hälfte zusammen. An der Faltstelle schneiden Sie eine Kerbe in die noch offene Schnittkante. Legen Sie die zwei Teile, links auf links, so aufeinander, dass diese Passzeichen und die Schnittkanten bündig liegen. Stecken, heften und steppen Sie den Latz ans Unterteil.

6.

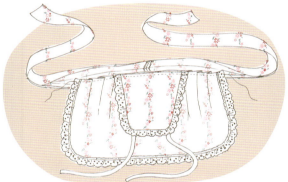

Für Bund und Bindebänder schneiden Sie aus dem Baumwollstoff zwei 9 x 78 cm große Streifen zu. Nähen Sie sie, rechts auf rechts, zu einem langen Band mit einer Länge von 153 cm zusammen. Beim anschließenden Anbringen von Bund und Bindebändern in einem Arbeitsgang folgen Sie der Anleitung auf Seite 118. Dabei liegt der Latz zunächst auf der linken Schürzenseite, während die Nahtzugaben im Band eingefasst werden. Erst nach dem Nähen des Bundes klappen Sie den Latz nach oben.

Cocktailstunde

Die Gastgeberin mit dem „gewissen Etwas": In dieser bezaubernden kleinen Glitzerschürze werden Sie garantiert alle Blicke auf sich ziehen. Sie wertet das „kleine Schwarze" mit einer Prise Chic auf, während raffinierte, elegante Schleifen dem Modell einen Hauch von Couture verleihen. Für schlichtere Anlässe wenden Sie das Modell – ein transparenter Stoff mildert ganz dezent den Brokatglanz.

Sie brauchen:

50 cm Brokatstoff (112 cm breit) für Rockteil und Bund

60 cm transparenten Stoff (112 cm breit) für Rockteil und Bindebänder

76 cm Satinband (2 cm breit)

Schnittmusterpapier

Nähmaschine

Nadel und passendes Nähgarn

Nähen Sie mit einer 1,5 cm breiten Nahtzugabe, sofern nichts anderes vermerkt ist.

1. Schneiden Sie aus dem Brokatstoff ein Rechteck mit den Maßen 37,5 x 56 cm zu und aus dem transparenten Stoff ein 40,5 x 56 cm großes Stück. Versäubern Sie an beiden Teilen jeweils die zwei kurzen und eine lange Seite mit einem aufgesteppten Saum (siehe Seite 114 oben). Dabei schlagen Sie den Stoff zweimal je 1,5 cm breit auf die linke Stoffseite um.

2. Für die Taschen fertigen Sie anhand des Schnittmusters 1 auf Seite 120 einen Papierschnitt an und schneiden danach zwei Taschenformen aus Brokat und zwei aus dem transparenten Stoff zu. Nähen Sie aus je einem Brokat- und einem transparenten Taschenteil nach der Anleitung auf Seite 115 zwei verstürzte Taschen. Legen Sie eine der Taschen auf die rechte Seite der Brokatschürzenfläche. Stecken, heften und steppen Sie sie mit der Maschine möglichst knappkantig fest. Die zweite Tasche bringen Sie genauso auf der transparenten Schürzenfläche an.

3.

Legen Sie die Brokatfläche (linke Stoffseite oben) auf den Tisch und darüber, mit bündig liegenden Schnittkanten, die transparente Fläche (rechte Seite oben). Steppen Sie die Teile entlang der Oberkante zusammen. Kräuseln Sie diese von Hand oder maschinell ein, bis sie 36 cm lang ist (siehe Seite 114 und 115).

4.

Für den Bund schneiden Sie ein 13 x 39 cm großes Rechteck aus dem Brokat zu. Folgen Sie dann der Anleitung auf Seite 117, wobei Sie zum Schluss jedoch die noch offene Bund-Faltkante gegen die Brokatseite der Schürze nähen.

5.

Zum Anfertigen der Bindebänder schneiden Sie zwei
13 x 63 cm große Rechtecke aus dem transparenten
Stoff zu. Versäubern Sie die Längskanten mit einem
aufgesteppten Saum (siehe Seite 114), indem Sie
den Stoff zuerst 5 mm und danach 12 mm breit zur
linken Seite umschlagen. Stecken, heften und steppen Sie den Saum knappkantig entlang der inneren
Faltkante fest. Säumen Sie ebenso je ein schmales
Ende der Bindebänder. Die beiden offenen Enden
falten Sie ziehharmonikaartig in drei gleich breite
Lagen, die Sie parallel zur Oberkante auf die innere
Bundseite stecken. Steppen Sie senkrecht darüber,
die Nahtzugaben schneiden Sie etwas zurück.
Klappen Sie dann das Band so nach außen, dass die
Nahtzugaben nicht mehr sichtbar sind. Steppen Sie
erneut darüber. Verarbeiten Sie das Bindeband an
der anderen Schürzenseite auf die gleiche Weise.

6. Vom Satinband schneiden Sie zwei 32 cm und zwei
6 cm lange Stücke ab, um damit zwei elegante
Schleifen nach der Anleitung auf Seite 113 anzufertigen. Nähen Sie von Hand auf jede Tasche eine
dieser Schleifen.

Calypso

Wärmere Erdteile standen bei der Idee zu dieser faszinierenden Schürze Pate. Wie beim Sari und Sarong begegnen sich hier prächtige Farben und Muster. Das dreigeteilte Wickelmodell versetzt Sie ins Tropenparadies, wo es gar als schickes Strandkleid beim „Après-Swim" an der Lagune durchgehen würde. Wählen Sie freche Tupfenstoffe, Madras-Karos, exotische Dschungelmotive, indonesische Batik sowie folkloristische Streifen. Lassen Sie die Muster prall, doch mit kontrollierten Farben aufeinandertreffen. Beschränken Sie sich auf maximal zwei Leitfarben, kombiniert mit Unistoffen. Sonst erinnert das Ergebnis eher an den Clown August als an einen modischen Wurf im Recycling-Stil!

Sie brauchen:

50 cm Druckstoff mit kräftigen tropischen Pflanzen (112 cm breit)

50 cm Druckstoff mit kleinen Blümchen (112 cm breit)

55 cm Stoff mit Madras-Karos (112 cm breit)

50 cm Druckstoff mit Pünktchen (Polkadots, 112 cm breit)

jeweils 50 cm von zwei Uni-Druckstoffen in passenden Tönen (112 cm breit)

500 cm Schrägband (2,5 cm breit) für die Bindebänder

112 cm Schrägband (2,5 cm breit) für die Armloch-Einfassungen

Schnittmusterpapier

Nähmaschine

Nadel und passendes Nähgarn

Nähen Sie mit einer 1,5 cm breiten Nahtzugabe, sofern nichts anderes vermerkt ist.

1.

Für den oberen Bereich des rechten und linken Vorderteils schneiden Sie zwei 48 x 58 cm große Rechtecke zu: eines mit tropischen Pflanzen, das andere mit kleinen Blümchen. Legen Sie sie, links auf links, übereinander. Anhand des Schnittmusters C/Vorderteil auf dem Schnittmusterbogen fertigen Sie einen Papierschnitt an, stecken ihn auf die zwei Stofflagen und schneiden die Teile zu.

2. Für den mittleren Bereich des rechten und linken Vorderteils schneiden Sie zwei 43 x 55 cm große Rechtecke zu: eines einfarbig, das andere mit Madras-Karos. Für den unteren Bereich des rechten und linken Vorderteils schneiden Sie zwei 45 x 55 cm große Rechtecke zu: eines mit Pünktchen, das andere einfarbig.

3.

Schneiden Sie für den oberen Rückenbereich der Wickelschürze ein 52 x 54 cm großes Rechteck mit Madras-Karos zu. Klappen Sie es auf die Hälfte zusammen, mit den kürzeren Kanten an einer Seite: Dabei zeigt die rechte Stoffseite nach außen. Fertigen Sie anhand des Schnittmusters C/Rückenteil (Bogen) einen Papierschnitt an und stecken Sie ihn entlang der Stoffbruchkante auf den gefalteten Stoff. Schneiden Sie das Teil zu.

4. Für den mittleren Rückenbereich schneiden Sie ein 43 x 51 cm großes Rechteck mit kleinen Blümchen zu. Ein 45 x 51 cm großes Stoffrechteck mit tropischen Pflanzen benötigen Sie für den unteren Bereich des Rückenteils.

5.

Stellen Sie das rechte und linke Vorderteil wie abgebildet zusammen: Dazu nähen Sie jeweils die oberen vorderen Schnittteile sowie die 55 cm breiten mittleren und unteren Rechtecke zusammen. Das Rückenteil fertigen Sie aus dem oberen Schnittteil und den beiden 51 cm breiten Rechtecken an.

6. Für die Tasche schneiden Sie ein 21 x 28 cm großes Stoffrechteck zu. Die Oberkante versäubern Sie mit einem aufgesteppten Saum (siehe Seite 114), dabei schlagen Sie sie zweimal 2,5 cm nach links um. Die anderen drei Ränder bügeln Sie einmal 1,5 cm breit nach links. Nähen Sie die Tasche auf den mittleren Bereich eines Vorderteils.

7.

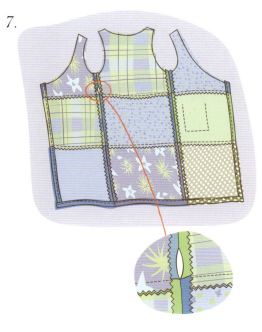

Steppen Sie das rechte Vorderteil, rechts auf rechts liegend, an das Rückenteil. Dabei lassen Sie jedoch eine 3 cm große Lücke in der Naht frei, um dort später das linke Bindeband hindurchziehen zu können. Die Lücke soll oberhalb der Taillennaht sitzen (zwischen oberem und mittlerem Schürzenbereich). Anschließend steppen Sie das linke Vorderteil ans Rückenteil.

8. Versäubern Sie an beiden Vorderteilen die senkrechten Schnittkanten sowie die gesamte untere Schnittkante der Schürze mit einem aufgesteppten Saum. Dabei schlagen Sie den Rand jeweils zweimal 1,5 cm breit zur linken Stoffseite um.

9.

Nähen Sie zwei 250 cm lange Schrägbänder zu einem langen Streifen zusammen. Stecken Sie ihn mit der Naht an die rückwärtige Mitte des Halsausschnitts. Fassen Sie von hier aus die geschwungenen Vorderteil-Schnittkanten ein (siehe Seite 112). Die überhängenden Bänder stecken Sie zusammen, die Enden schlagen Sie ein. Steppen Sie den ganzen Streifen mit der Maschine ab.

10.

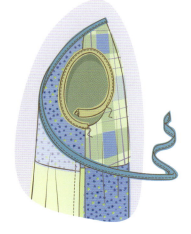

Fassen Sie jedes Armloch mit einem 56 cm langen Schrägband ein. Für einen sauberen Abschluss schlagen Sie die Enden vor dem Absteppen ein.

11. Aus einem Schrägbandrest fertigen Sie eine kleine Gürtelschlaufe an. Steppen Sie sie so an der rückwärtigen Mitte auf Höhe der Taillennaht fest, dass dort später das Bindeband hindurchgezogen werden kann.

Porzellanpuppe

Die feinen Blau- und Weißtöne antiken Porzellans mögen als Farbwahl für die fernöstlich angehauchte Schürze zwar weniger einleuchten als kaiserliches Rot und Gold. Aber das Ergebnis ist dennoch spannend – es verweist auf Geschichte, Kultur und Traditionen dieses faszinierenden Weltteils. Das Modell spielt sogar mit mehreren Kulturen: Der Kummerbund stammt ursprünglich aus Indien. Dennoch passt die attraktive Schärpe gut zur Ausdruckskraft und Opulenz der ineinander verschlungenen Drachen.

Sie brauchen:

Touristen-T-Shirt mit Motiv (Größe XL) für das Rockteil

60 cm unifarbenen Stoff (112 cm breit) für Kummerbund und Bindebänder

150 cm Schrägband (2 cm breit)

Schnittmusterpapier

Nähmaschine

Nadel und passendes Nähgarn

Nähen Sie mit einer 1,5 cm breiten Nahtzugabe, sofern nichts anderes vermerkt ist.

1. Trennen Sie die Motivseite des T-Shirts heraus, bügeln Sie sie und schneiden Sie daraus die Schürzenform zu (Muster A, Schnittmusterbogen).

2.

Mit einem 150 cm langen Schrägband fassen Sie die Schnittkanten der Schürze ein – bis auf den oberen Rand (siehe 112 unten).

3. Für die Frontseite des Kummerbunds schneiden Sie aus dem einfarbigen Stoff ein 27 x 43 cm großes Rechteck zu sowie für Verstärkung und Bund-Innenseite zwei 11 x 43 cm große Rechtecke.

4.

Kräuseln Sie die Bund-Frontseite, 12 mm neben beiden Schmalkanten, gleichmäßig ein, bis sie 8 cm hoch ist; am Anfang und Ende müssen jeweils 1,5 cm für die Nahtzugabe glatt bleiben.

5.

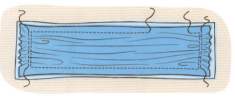

Legen Sie die gekräuselte Frontseite, links auf links, auf das Verstärkungsstück. Liegen alle Schnittkanten bündig, stecken und steppen Sie die zwei Teile rundherum zusammen.

6. Für die Bindebänder schneiden Sie aus dem einfarbigen Stoff zwei 15 x 70 cm große Streifen zu. Folgen Sie dann der Anleitung „Bindebänder: schnell gemacht" auf Seite 119 unten.

7.

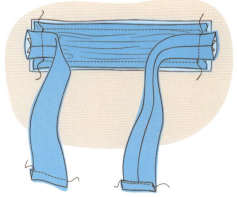

Stecken und steppen Sie die fertigen Bindebänder, mit der nahtfreien Seite so nach unten auf die gekräuselte Frontseite des Kummerbunds, dass die langen Enden waagerecht darauf liegen.

8.

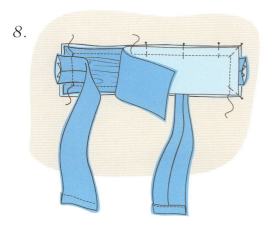

Das Rechteck für die Bund-Innenseite legen Sie mit der rechten Seite nach unten passgenau darüber. Steppen Sie es an beiden Schmalseiten und an der oberen Längsseite entlang der schon vorhandenen Naht fest.

9. Um den fertigen Bund am Schürzenteil anzubringen, orientieren Sie sich an Schritt 3 und 5 der Schürzenbund-Grundtechnik auf Seite 117.

Urlaub in Venedig (Seite 44)

Tutti Frutti (Seite 47)

Süße Nostalgie (Seite 54)

Schleckermäulchen (Seite 42)

Blütenpower (Seite 52)

Flamenco andaluz (Seite 38)

Tropisches Hawaii (Seite 50)

Kapitel 3

Häusliches Glück

Flamenco andaluz

Kühn schwingen sich die quirligen Rüschen der hübschen Schürze um die Hüften bis hinauf

zur Rückenpartie. Das frische Tupfenmuster des Stoffs sowie das Rot der Blenden an den

Rüschen und der herzförmigen Tasche lassen die Leidenschaft und Spontaneität des

Flamencos spüren, wie er von andalusischen Gitanos getanzt wird.

Sie brauchen:

100 cm getupften Stoff (Polkadots, 112 cm breit) für Schürzenteil, Rüschen und Tasche

755 cm rotes Schrägband (2,5 cm breit)

aufbügelbare Vlieseinlage (16 x16 cm) von mittlerer Stärke

Schnittmusterpapier

Nähmaschine

Nadel und passendes Nähgarn

Nähen Sie mit einer 1,5 cm breiten Nahtzugabe, sofern nichts anderes vermerkt ist.

1. Fertigen Sie nach Muster D (Schnittmusterbogen) und Taschenmuster 4 (Seite 120) Papierschnitte an. Stecken Sie sie auf den Stoff und schneiden Sie Schürzenteil und Tasche zu. Für die Rüsche nähen Sie drei 6,5 x 100 cm große Streifen zu einem langen Teil zusammen. Die Nahtzugaben sichern Sie gegen Ausfransen mit Zickzackstich oder beschneiden sie mit einer Zackenschere.

2. Mit einem 294 cm langen Schrägband fassen Sie eine Längskante des Rüschenstreifens ein (siehe Seite 112 unten). Die andere Längskante kräuseln Sie per Hand oder Nähmaschine ein, bis die Rüsche 136 cm lang ist (siehe Seite 114 und 115).

3.

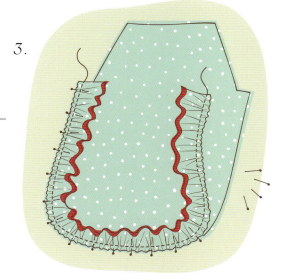

Stecken und heften Sie die Rüsche, rechts auf rechts, so auf den gerundeten Schürzenrand, dass die Schnittkanten bündig liegen. Steppen Sie die Rüsche fest. Damit die Nahtzugaben nicht ausfransen, schneiden Sie sie mit einer Zackenschere etwas zurück oder versäubern sie mit dem Zickzackstich an der Nähmaschine.

4. Fassen Sie die obere Kante des Schürzenlatzes mit Schrägband ein. Schneiden Sie die Enden des Bandes schräg ab – der seitlichen Kante folgend.

5.

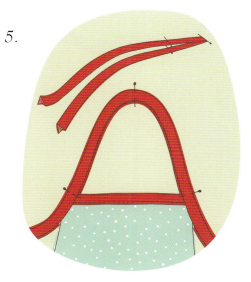

Nackenband, seitliche Einfassung und Bindeband entstehen in einem Arbeitsgang. Dafür falten und bügeln Sie zunächst ein 300 cm langes Schrägband in Längsrichtung, wie auf Seite 112 beschrieben. Zum Feststellen der Bandmitte falten Sie es auf die Hälfte und markieren diese rückwärtige Nackenbandmitte mit einer Stecknadel. Von dort aus messen Sie nun beidseitig jeweils 34 cm ab und markieren diese seitlichen Punkte ebenfalls mit Nadeln. Fassen Sie nun die Seiten des Latzes und die Rüschenenden ein: Dabei beginnen Sie zuerst an der oberen, schon eingefassten Latzkante und stecken sie auf Höhe der seitlichen Nadelmarkierungen im Schrägband fest.

6.

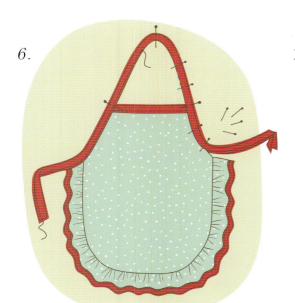

7.

Stecken Sie die seitlichen Schnittkanten fortlaufend ins gefaltete Schrägband. Wenn Sie das Schrägband nun von einem Ende zum anderen fest- und zusammensteppen, wird es gemeinsam mit Nacken- und Bindebändern an der Schürze fixiert. Um die beiden Enden zu versäubern, schlagen Sie die Kanten vor dem Feststeppen ein.

Schneiden Sie aufbügelbare Vlieseinlage in Taschenform zu und bügeln Sie sie auf die linke Stoffseite der Tasche. Fassen Sie die verstärkte Tasche rundherum mit Schrägband ein; es soll sehr genau der kurvigen Herzkontur folgen.

8. Für die beiden gekreuzten Schleifen schneiden Sie zwei 30 cm lange und 5 cm breite Schrägbänder zu. Folgen Sie dann der Anleitung auf Seite 113 oben und nähen Sie je eine Schleife oben an den Schürzenlatz sowie oben an die Tasche.

9. Stecken und heften Sie die Tasche auf die Schürze. Achten Sie darauf, dass keinerlei Schrägband-Enden hervorlugen. Genäht wird durch alle Stofflagen hindurch, inklusive Schrägband: Zuerst steppen Sie quer über das Schrägband, dann folgen Sie der schon vorhandenen Naht, um zum Schluss erneut quer über das Band zu steppen. So werden Anfang und Ende der Naht am Tascheneingriff stabiler.

Schleckermäulchen

Mit dieser lustigen Latzschürze ist die Kleidung Ihres Nachwuchses beim gemeinsamen Backen bestens geschützt. Die verspielten Muster wie das Zuckerblüten-Dekor oder die klaren Zuckerstangen-Streifen machen dieses Modell sehr lebendig. In der niedlichen aufgesetzten Tasche sind Teigroller und Ausstechförmchen stets griffbereit.

Sie brauchen:

geblümtes Stoffstück (45 x 50 cm) für das Schürzenteil

geblümtes Stoffstück (20 x 25 cm) in passenden Kontrastfarben für die Tasche

15 cm Streifenstoff (114 cm breit) für die Rüsche

250 cm Schrägband (2,5 cm breit)

Schnittmusterpapier

Nähmaschine

Nadel und passendes Nähgarn

Nähen Sie mit einer 1,5 cm breiten Nahtzugabe, sofern nichts anderes vermerkt ist.

1. Fertigen Sie nach Muster G auf dem Schnittmusterbogen einen Papierschnitt für die Schürzenform an. Stecken Sie ihn auf das größere Stoffstück und schneiden Sie das Schürzenteil zu. Fertigen Sie dann einen Papierschnitt für die Tasche an (in Muster G auf dem Bogen enthalten). Schneiden Sie danach die Tasche aus dem zweiten geblümten Stoff zu. Für die Rüsche schneiden Sie zwei 6,5 x 76 cm große Bänder aus dem Streifenstoff zu. Nähen Sie sie zu einem langen Teil zusammen. Die Nahtzugaben sichern Sie gegen Ausfransen mit Zickzackstich oder beschneiden sie mit einer Zackenschere. Versäubern Sie dann eine Längskante mit einem aufgesteppten Saum, so wie auf Seite 114 beschrieben. Schlagen Sie dazu den Rand zweimal 5 mm breit nach links um.

2. Die andere Längskante kräuseln Sie per Hand oder Nähmaschine ein, bis die Rüsche 65 cm lang ist (siehe Seite 114 und 115). Stecken und heften Sie sie, rechts auf rechts, so auf den gerundeten Schürzenrand, dass die Schnittkanten bündig liegen. Steppen Sie die Rüsche fest. Damit die Nahtzugaben nicht ausfransen, schneiden Sie sie mit einer Zackenschere etwas zurück oder versäubern sie mit dem Zickzackstich an der Nähmaschine.

3. Fassen Sie die obere Kante des Schürzenlatzes mit einem 18 cm langen Schrägband ein, so wie auf Seite 112 unten beschrieben. Schneiden Sie die Enden des Bandes schräg ab – den seitlichen Kanten folgend.

4.

Nackerband, seitliche Einfassung und Bindebänder entstehen in einem Arbeitsgang. Dafür falten und bügeln Sie zunächst ein 185 cm langes Schrägband in Längsrichtung (siehe Seite 112 unten). Zum Feststellen der Bandmitte legen Sie es auf die Hälfte zusammen und markieren diese Faltstelle mit einer Stecknadel. Von dort aus messen Sie nun beidseitig jeweils 20 cm ab und markieren diese seitlichen Punkte ebenfalls mit Nadeln. Fassen Sie nun die Seiten des Latzes ein: Dabei beginnen Sie zuerst an der oberen, schon eingefassten Latzkante und stecken sie auf Höhe der seitlichen Nadelmarkierungen im vorbereiteten Schrägband fest.

5.

Stecken Sie fortlaufend die seitlichen Latzkanten und die Rüschenenden ins gefaltete Schrägband. Wenn Sie es nun von einem Ende zum anderen zusammen- und feststeppen, wird die Einfassung gleichzeitig mit Nacken- und Bindebändern an der Schürze fixiert. Um die Enden zu versäubern, schlagen Sie die Kanten vor dem Feststeppen ein.

6.

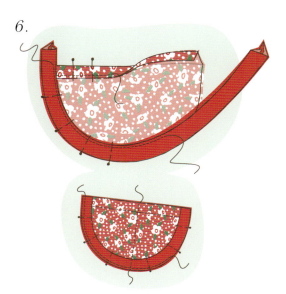

Versäubern Sie die obere Taschenkante mit einem aufgesteppten Saum, für den Sie den Rand zweimal 1,5 cm nach links umschlagen. Die runde Kante fassen Sie mit Schrägband ein, wobei Sie der Taschenform exakt folgen. Klappen Sie die Enden des Schrägbands nach hinten, dann stecken und steppen Sie die Tasche auf die Schürze. Sichern Sie Nahtanfang und -ende mit zusätzlichen Stichen. Eine senkrecht gesteppte Naht mitten durch die Tasche unterteilt sie in zwei Fächer.

Urlaub in Venedig

Diese Variante der Schürze von Seite 38 ist eine Ode an „Harry's Bar": Auf dem lebhaften Retro-Druckstoff gleiten Gondeln am nächtlich erleuchteten Markusplatz vorbei. Der tiefe Ausschnitt und die kurze Saumlinie schmeicheln garantiert auch jedem figurbewussten Spaghetti-Liebhaber.

Sie brauchen:

65 cm lebhaften Motiv-Druckstoff (90 cm breit) für Schürzenteil und Tasche

15 cm getupften Druckstoff (112 cm breit) für die Rüschen

565 cm Schrägband (2,5 cm breit)

Schnittmusterpapier

Nähmaschine

Nadel und passendes Nähgarn

Nähen Sie mit einer 1,5 cm breiten Nahtzugabe, sofern nichts anderes vermerkt ist.

1.

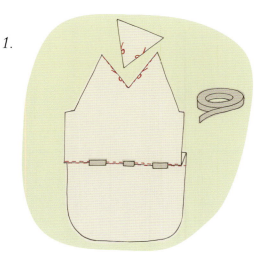

Am Papierschnitt, den Sie nach Muster D (Vorlagebogen) anfertigen, schneiden Sie den eingezeichneten V-Ausschnitt aus. Kürzen Sie das Modell durch eine Falte an den zwei gestrichelten Querlinien. Mit dem Papierschnitt schneiden Sie das Schürzenteil aus dem Motiv-Druckstoff zu.

2.

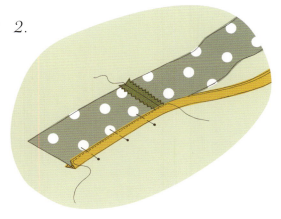

Für die Rüsche schneiden Sie zwei 6,5 x 100 cm große Streifen aus dem Tupfenstoff zu und nähen sie zu einem langen Teil zusammen. Die Nahtzugaben sichern Sie gegen Ausfransen mit Zickzackstich oder beschneiden sie mit einer Zackenschere. Mit einem 200 cm langen Schrägband, das Sie zuerst längs falten und bügeln, fassen Sie eine Längskante des Rüschenstreifens ein (siehe Seite 112 unten).

3. Die andere Längskante kräuseln Sie per Hand oder Nähmaschine 1 cm neben der Schnittkante ein, bis die Rüsche 112 cm lang ist (siehe Seite 114 und 115). Sichern Sie die Enden dieser Hilfsnaht mit ein paar Stichen. Stecken und heften Sie die Rüsche, rechts auf rechts, so auf den gerundeten Schürzenrand, dass die Schnittkanten bündig liegen. Steppen Sie die Rüsche fest. Damit die Nahtzugaben nicht ausfransen, schneiden Sie sie mit einer Zackenschere etwas zurück.

4. Zum Verstärken des unteren V-Ausschnitts steppen Sie 12 mm neben der Schnittkante mit der Maschine zwei kurze Doppelnähte rund um die Spitze (siehe auch Seite 47). Genau in der Ausschnittspitze knipsen Sie den Stoff ein, ohne jedoch in die Stütznähte zu schneiden. Dehnen Sie die Spitze, indem Sie im V den kleinen Einschnitt auseinanderziehen. Beim Einfassen dieser „geraden" Kante mit einem 36 cm langen Schrägband stecken, heften und steppen sie es so, dass die Stütznähte vom Band verdeckt sind. Um die V-Spitze exakt auszuformen, falten Sie die Schürze zunächst längs auf die Hälfe zusammen (rechts auf rechts), dabei liegen die eingefassten Seiten bündig aufeinander. Genau an der Spitze steppen Sie die Einfassung mit kleinen Stichen schräg zusammen (siehe auch die Abbildung der Tasche bei Schritt 9). Nach dem Auseinanderfalten bügeln Sie den V-Ausschnitt glatt. Die oberen Enden der V-Ausschnitt-Einfassung schneiden Sie schräg ab – den seitlichen Schnittkanten folgend.

5. Nackenband, seitliche Einfassung und Bindebänder entstehen in einem Arbeitsgang. Dafür falten und bügeln Sie zunächst ein 300 cm langes Schrägband in Längsrichtung (siehe Seite 112). Zum Feststellen der Bandmitte legen Sie es auf die Hälfte zusammen und markieren diese Faltstelle mit einer Stecknadel. Von dort aus messen Sie nun beidseitig jeweils 34 cm ab und markieren diese seitlichen Punkte ebenfalls mit Nadeln.

6. Fassen Sie die Latzseiten ein: Dabei beginnen Sie an der schon eingefassten V-Ausschnitt-Kante und stecken diese Ecke auf Höhe der seitlichen Nadelmarkierungen im Schrägband fest. Stecken Sie fortlaufend die seitlichen Latzkanten und die Rüschenenden ins gefaltete Schrägband. Wenn Sie es nun von einem Ende zum anderen zusammen- und feststeppen, wird die Einfassung gleichzeitig mit Nacken- und Bindebändern an der Schürze fixiert. Zum Versäubern der beiden Enden schlagen Sie die Kanten vor dem Absteppen ein.

7. Für die Tasche schneiden Sie aus dem Motivstoff ein 20 x 20 cm großes Quadrat zu. Falten Sie es senkrecht auf die Hälfte zusammen. Schneiden Sie von den oberen Außenecken in schräger Linie bis zur Faltkante ein 6 cm hohes Dreieck aus. Die zwei unteren Ecken der Tasche runden Sie mit einem Teller ab (14,5 cm Durchmesser).

8. Zum Verstärken des V-förmigen Taschenausschnitts steppen Sie 12 mm neben der Schnittkante mit der Maschine zwei kurze Doppelnähte unten rund um die Spitze. Genau in der Ausschnittspitze knipsen Sie den Stoff ein, ohne jedoch in die Stütznähte zu schneiden.

9.

Dehnen Sie die Spitze, indem Sie das V mit dem kleinen Einschnitt auseinanderziehen. Beim Einfassen dieser „geraden" Kante mit einem 26 cm langen Schrägband stecken, heften und steppen sie es so, dass die Stütznähte vom Band verdeckt sind. Um die V-Spitze exakt auszuformen, falten Sie die Tasche zunächst längs auf die Hälfte zusammen (rechts auf rechts). Genau an der Spitze steppen Sie die Einfassung mit kleinen Stichen schräg zusammen. Nach dem Auseinanderfalten bügeln Sie die Tasche glatt.

10. Um die Tasche vor dem Aufnähen vorzubereiten, orientieren Sie sich an der Anleitung auf Seite 116 oben (Aufgesetzte Tasche: mit Stütznaht gesäumt). Die Breite der umgeschlagenen Saumzugabe soll 1,5 cm betragen. Stecken und heften Sie die Tasche dann auf die Schürze; achten Sie darauf, dass die Enden des Schrägbandes sauber eingeschlagen sind. Steppen Sie die Tasche mit der Maschine knappkantig, aber sorgfältig durch alle Stofflagen hindurch fest.

Tutti-Frutti

Durch den V-Ausschnitt wirkt die schlicht geschnittene Schürze ungemein weiblich. Mattglänzende Einfassungen im Ton von Zitronen, Orangen und Melonen verleihen dem Früchte-Druckstoff zusätzliche Frische. Beim Servieren von Eisbechern, Smoothies oder exotischem Früchtepunsch werden Sie darin entzückte Ahs und Ohs ernten.

Sie brauchen:

80 cm Druckstoff (112 cm breit) für das Schürzenteil

140 cm Schrägband in Wassermelonenrot (2 cm breit)

300 cm Schrägband in Orange (2 cm breit)

36 cm Schrägband in Zitronengelb (2 cm breit)

Schnittmusterpapier

Nähmaschine

Nadel und passendes Nähgarn

Nähen Sie mit einer 1,5 cm breiten Nahtzugabe, sofern nichts anderes vermerkt ist.

1. Am Papierschnitt, den Sie nach Muster D (Bogen) anfertigen, schneiden Sie den eingezeichneten V-Ausschnitt aus.

2. Stecken Sie den Papierschnitt auf den Stoff und schneiden Sie die Schürzenform zu.

3.

Zum Verstärken des unteren V-Ausschnitts steppen Sie 12 mm neben der Schnittkante maschinell zwei kurze Doppelnähte rund um die Spitze.

4.

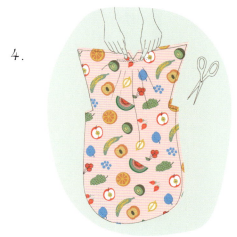

In der Spitze knipsen Sie den Stoff ein, ohne in die Stütznähte zu schneiden. Dehnen Sie das V, indem Sie den Einschnitt auseinanderziehen.

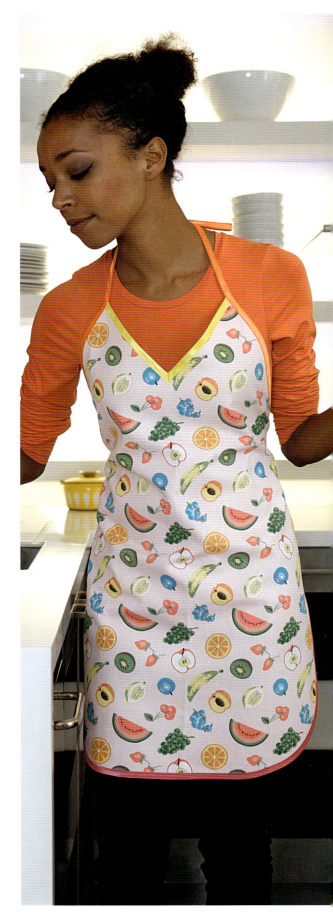

5.

Beim Einfassen dieser „geraden" Kante mit einem 36 cm langen zitronengelben Schrägband stecken, heften und steppen Sie es so, dass die Stütznähte vom Band verdeckt sind (siehe auch die Anleitung auf Seite 112).

6.

Falten Sie die Schürze längs auf die Hälfte zusammen (rechts auf rechts), die Einfassungen liegen bündig aufeinander. An der Spitze steppen Sie sie mit kleinen Stichen schräg zusammen.

7.

Nach dem Auseinanderfalten der Schürze bügeln Sie den V-Ausschnitt glatt.

8. Fassen Sie den unteren Schürzenrand mit einem 140 cm langen Schrägband in Wassermelonenrot ein, wie auf Seite 112 beschrieben.

9. Nackenband, seitliche Einfassung und Bindebänder entstehen in einem Arbeitsgang. Dafür bereiten Sie ein 300 cm langes Schrägband in Orange vor (siehe Seite 112). Zum Feststellen der Bandmitte legen Sie es auf die Hälfte zusammen und markieren die Faltstelle mit einer Nadel. Von dort aus messen Sie beidseitig je 34 cm ab und markieren auch diese seitlichen Punkte mit Nadeln.

10. Fassen Sie die Seiten des Latzes ein: Dabei beginnen Sie zuerst an der schon eingefassten V-Ausschnittkante, deren überstehende Bandenden Sie schräg abschneiden – den seitlichen Schnittkanten folgend. Stecken Sie nun zuerst diese oberen Ecken auf Höhe der seitlichen Nadelmarkierungen im orangefarbenen Schrägband fest.

11.

Stecken und heften Sie fortlaufend die beiden seitlichen Latzkanten fest, wobei Sie zuvor die untere Schürzeneinfassung passend zurückschreiden. Wenn Sie das gesamte Schrägband nun von einem Ende zum anderen zusammen- und feststeppen, wird die Einfassung gleichzeitig mit Nacken- und Bindebändern an der Schürze fixiert. Zum Versäubern der beiden Enden schlagen Sie die Kanten vor dem Absteppen ein.

Tropisches Hawaii

Diese Schürze ist aus einem ausrangierten Touristenhemd gearbeitet. Das simple Teil „von der Stange"
wurde komplett zerlegt, um den Stoff in schicke, tragbare Küchenmode zu verwandeln. Frisch und
freundlich, nicht wahr? Der ungewöhnliche Schürzenrock in Tischtuchform ist mit einer Rüsche in
einem fröhlichen Zuckerstangen-Design eingefasst. Das Streifenmuster greift eine Farbe auf, die in
dem üppigen Exotik-Druckmotiv mit Palmeninsel vorkommt.

Sie brauchen:

Touristen-Hemd
(Größe XL) für Rockteil,
Latz und Tasche

20 cm gestreiften Stoff
(150 cm breit) für die
Rüschen

310 cm Schrägband
(2,5 cm breit) für Bund,
Bindebänder, Latz und
Nackenband

Schnittmusterpapier

Nähmaschine

Nadel und passendes
Nähgarn

Nähen Sie mit einer
1,5 cm breiten Naht-
zugabe, sofern nichts
anderes vermerkt ist.

1. Um ein Schnittmuster herzustellen, schneiden Sie
aus Papier ein 46 x 46 cm großes Quadrat für das
Rockteil der Schürze aus. Messen Sie von einer Ecke
aus beidseitig 18 cm entlang den Kanten ab. Verbinden Sie diese Endpunkte mithilfe eines Lineals durch
eine gerade Linie (spätere Taille) und schneiden Sie
die überschüssige Ecke weg.

2. Für das Schnittmuster des Schürzenlatzes schneiden
Sie ein 25 x 25 cm großes Quadrat aus Papier aus.
An der Seite, die später die Oberkante sein soll,
messen Sie von jeder Ecke 2,5 cm ab. Von dort aus
ziehen Sie an jeder Seite eine Linie bis hinunter zur
korrespondierenden Ecke an der rechten und linken
Seite. Schneiden Sie entlang dieser Linien das überschüssige Papier ab.

3. Platzieren Sie diese zwei Papierschnitte auf dem
Stoff, stecken Sie sie fest und schneiden Sie Latz
und Rockteil danach zu.

4. Für die Rüsche schneiden Sie zwei 9 x 150 cm große
Bänder aus dem Streifenstoff zu und nähen sie zu
einem langen Teil zusammen. Die Nahtzugaben sichern Sie gegen Ausfransen mit Zickzackstich oder
beschneiden sie mit einer Zackenschere. Versäubern
Sie dann eine Längskante mit einem aufgesteppten
Saum, so wie auf Seite 114 beschrieben. Schlagen
Sie dazu den Rand zuerst 6 mm und dann 9 mm
breit nach links um. Die andere Längskante kräuseln
Sie per Hand oder Nähmaschine ein, bis die Rüsche
142 cm lang ist (siehe Seite 114 und 115).

5.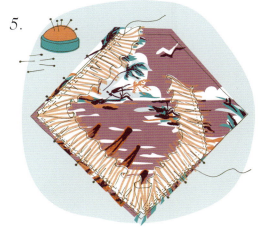

Stecken, heften und steppen Sie die Rüsche, rechts
auf rechts und mit bündigen Schnittkanten, auf die
unteren und seitlichen Schürzenränder. Versäubern
Sie und ziehen Sie die Kräusel-Hilfsfäden heraus.

6.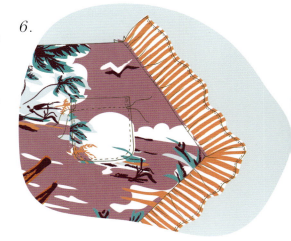

Nach dem Taschenmuster 5 (Seite 126) schneiden
Sie eine Tasche aus dem Motivstoff aus. Säumen Sie
die obere Kante mit einem zweifachen, 2 cm breiten Umschlag (Seite 114 oben). Zum Annähen folgen
Sie der Anleitung auf Seite 116 (Aufgesetzte Tasche:
mit Schablone).

7. Fassen Sie die Latzoberkante mit einem 20 cm langen Schrägband ein (siehe Seite 112). Die Enden schrägen Sie ab – den seitlichen Schnittkanten folgend. Schneiden Sie zwei 70 cm lange Schräg-bänder zu. Mit jeweils einem Ende stecken Sie die Einfassung an die seitlichen Latzkanten, im weite-ren Verlauf stecken Sie jedes Nackenband zusam-men. Die ganzen Bänder steppen Sie knappkantig ab und säumen die Enden.

8.

Stecken Sie den Latz genau mittig, links auf links, auf die Schürzenoberkante. Mit 5 mm breitem Abstand zur Kante steppen Sie ihn fest. Um Bund und Taillen-Bindebänder in einem Arbeitsgang anzubringen, schneiden Sie 150 cm Schrägband zu. Legen Sie es auf die Hälfte zusammen und markie-ren Sie die so gefundene Mitte mit einer Steck-nadel. Fassen Sie die Schnittkanten von Schürzen-teil und Latz nun sorgfältig mit dem längs ge-falteten Band ein, wobei die Stecknadelmarkierung genau mittig oben am Schürzenteil sitzen soll. Wenn Sie das Band nun von einem Ende zum anderen zusammen- und feststeppen, wird die Einfassung gleichzeitig mit Nacken- und Binde-bändern an der Schürze fixiert. Die Schnittkanten am Ende versäubern Sie mit einem einfachen Saum.

Blütenpower

Blüten auf dunklem Untergrund, so wie sie bei 40er-Jahre-Kleidern beliebten waren, bilden einen spannenden Kontrast zur orangefarbenen Blende. Die blattförmige Tasche greift den Schwung der Schürzenkontur auf, während die Taille wie bei einem Rock von mehreren Falten umspielt wird. Die femininen Details und die weiche Silhouette verleihen dem Modell trotz seiner optischen Kraft weiblichen Charme.

Sie brauchen:

85 cm geblümten Druckstoff (112 cm breit) für Rockteil und Bindebänder

50 cm einfarbigen Stoff (112 cm breit) für Blende, Bund und Tasche

Schnittmusterpapier

Nähmaschine

Nadel und passendes Nähgarn

Nähen Sie mit einer 1,5 cm breiten Nahtzugabe, sofern nichts anderes vermerkt ist.

1.

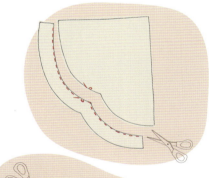

Fertigen Sie einen Papierschnitt nach Muster B (Bogen) an, stecken Sie ihn auf den geblümten Stoff und schneiden Sie die Schürzenform zu. Danach trennen Sie beim Papierschnitt entlang der gestrichelten Linie den Rand ab, um damit die Blende aus dem einfarbigen Stoff zuzuschneiden.

2.

Stecken Sie die Blende mit der rechten Stoffseite exakt auf die linke Stoffseite des unteren Schürzenrandes. Heften und steppen Sie sie entlang der Unterkante fest. Kerben Sie an den Rundungen die Nahtzugaben etwas ein.

3.

Wenden Sie die geschwungene Blende sorgfältig auf die rechte Schürzenseite und bügeln Sie den Rand sorgfältig mit einem Dampfbügeleisen glatt. Stecken Sie die Blende auf dem Stoff fest und steppen Sie sie, 5 mm neben der Schnittkante, mit Geradstichen auf. Für einen sauberen Abschluss nähen Sie danach mit breiten, dichten Zickzackstichen so über diese Naht, dass sie und die Schnittkante der Blende komplett überdeckt sind.

4.

Für die Tasche fertigen Sie nach Muster 7 auf Seite 122 einen Papierschnitt an und schneiden damit zweimal die Taschenform zu. Zum Verstürzen dieser doppellagigen Tasche folgen Sie der Anleitung auf Seite 115 unten, wobei Sie die Teile mit einer 1 cm breiten Nahtzugabe zusammennähen. Steppen Sie die fertige Tasche auf die Schürze. Am oberen rechten und linken Schürzenrand legen Sie den Stoff in drei 2 cm tiefe, gegenseitig laufende Falten. 12 mm unterhalb der Schnittkante steppen Sie sie zum Sichern mit der Maschine fest.

5. Zum Anfertigen der Bindebänder schneiden Sie aus dem geblümten Stoff zwei 17 x 70 cm große Streifen zu und folgen dann den Arbeitsschritten, die auf Seite 119 unter „Bindebänder: schnell gemacht" beschrieben sind.

6. Für den Bund schneiden Sie aus dem einfarbigen Stoff einen 13 x 43 cm großen Streifen zu. Um den Bund mit den Bindebändern an die Schürze zu nähen, orientieren Sie sich an der Anleitung auf Seite 119 oben.

Süße Nostalgie

Zahlreiche Minizweige mit Blättern und Blütenknospen sind der Hintergrund für die zauberhaften Rokoko-Rüschen dieser Schürze, die dadurch verspielt und kokett wirkt. Schmale Rüschen bilden eine Zickzacklinie, der Volant unten gibt dem Rocksaum mehr Gewicht.

Sie brauchen:

80 cm geblümten Druckstoff (90 cm breit) für Rockteil, Tasche und Bindebänder

45 cm unifarbenen Stoff (112 cm breit) für Bund, Volant und Rüschen

Nähmaschine

Nadel und passendes Nähgarn

Nähen Sie mit einer 1,5 cm breiten Nahtzugabe, sofern nichts anderes vermerkt ist.

Hinweis:

Um Zeit zu sparen, können Sie den doppelt gesäumten Stoff für Rüschen und Volant einfach durch breite Bänder ersetzen. Doch für die Tasche sollten Sie sich ausreichend Zeit nehmen: Schneiden Sie dieses Teil sorgfältig zu, damit das Muster genau passend auf dem Untergrund liegt und nicht den Gesamteindruck stört.

1.

Schneiden Sie ein Rechteck (51 x 68 cm) aus dem Blumenstoff zu. Versäubern Sie den langen unteren Rand und die kurzen Seitenränder mit einem aufgesteppten Saum (1,5 cm breit; siehe Seite 114).

2.

Um die Zickzacklinie für die schmale Rüsche auf die rechte Stoffseite zu zeichnen, messen Sie zuerst 13,5 cm von den oberen Ecken aus senkrecht nach unten und markieren dort zwei Punkte mit dünnem Filzstift. Der dritte Punkt liegt 13,5 cm unterhalb der oberen Mitte auf dem Stoff. 22 cm vom unteren Saum und 15,5 cm von der linken Seite entfernt markieren Sie den vierten Punkt. Den fünften Punkt finden Sie entsprechend auf der rechten Seite. Verbinden Sie diese fünf Punkte mit Hilfe eines Lineals zu einer Zickzacklinie.

3. Für den breiten Volant schneiden Sie aus dem einfarbigen Stoff zwei 13 x 65 cm große Bänder zu und nähen sie zu einem langen Streifen zusammen. Säumen Sie ihn rundherum (siehe Seite 114 oben), dabei schlagen Sie die Kanten zuerst 6 mm, dann 9 mm breit nach links um. Mit einer Heftstichnaht, 3 cm neben einer Längskante, kräuseln Sie den Streifen von Hand ein, bis der Volant 62 cm lang ist (siehe Seite 114 unten).

4.

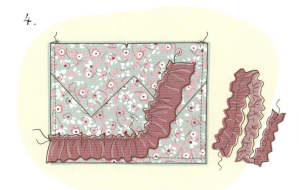

Steppen Sie den Volant so unten auf die Schürze, dass die Saumkanten von Volant und Schürze bündig liegen. Entfernen Sie den Hilfsfaden.

5. Für die schmale Rüsche schneiden Sie zwei 9 x 83 cm große Bänder zu und nähen sie zu einem langen Streifen zusammen. Säumen Sie ihn rundherum (siehe Seite 114 oben), dabei schlagen Sie die Kanten 6 mm, dann 9 mm breit nach links um. Mit einer Heftstichnaht, 3 cm neben einer Längskante, kräuseln Sie den Streifen von Hand ein, bis die Rüsche 80 cm lang ist (siehe Seite 114 unten).

6. Stecken Sie die schmale Rüsche mit ihrer Hilfsnaht genau auf die vorgezeichnete Zickzacklinie der Schürze. Nach dem Heften und Aufsteppen ziehen Sie den Hilfsfaden heraus.

7.

Schneiden Sie nach dem Taschenmuster 5 auf Seite 126 eine Tasche aus dem geblümten Stoff zu. Säumen Sie die obere Kante mit einem zweifachen, 2 cm breiten Umschlag (Seite 114 oben). Beim Annähen folgen Sie der Anleitung auf Seite 116 (Aufgesetzte Tasche: mit Schablone). Kräuseln Sie danach, so wie auf Seite 114 unten beschrieben, auch den oberen Schürzenrand so von Hand ein, bis er 44 cm lang ist.

8. Für die Bindebänder schneiden Sie aus dem geblümten Stoff zwei 13 x 73 cm breite Streifen zu. Schlagen Sie jeweils zwei Längsseiten und ein Ende der Bänder zuerst 6 mm, dann 9 mm breit nach links um und steppen diesen Saum knappkantig fest (siehe Seite 114 oben). Das ungesäumte Ende falten Sie jeweils in drei Lagen ziehharmonikaähnlich zusammen und steppen es ab. Legen Sie die Bindebänder zunächst beiseite.

9. Schneiden Sie für den Bund ein 13 x 47 cm großes Rechteck aus dem Uni-Stoff zu und folgen Sie den Schritten 1, 2 und 3 auf Seite 117 unten (Schürzenbund: Grundtechnik).

10. Um den Bund fertigzustellen und gleichzeitig die Bindebänder anzunähen, orientieren Sie sich an den Arbeitsschritten 3 und 4 auf Seite 119 oben. In diesem Fall werden die gefalteten Enden der Bindebänder mit in den Schürzenbund eingefasst.

Einfach süß (Seite 66)

Feines Kätzchen (Seite 68)

Diva des Hauses (Seite 62)

Sweetheart (Seite 70)

Fleißiges Lieschen (Seite 60)

Rose der Prärie (Seite 58)

Kapitel 4

Kitsch mit Herz

Rose der Prärie

Indigofarbener Baumwoll-Chambray und echtes Vichykaro sorgen für den launigen Western-Look. So ist Schluss mit Krisen vor dem Kleiderschrank, wenn Sie das passende Outfit zum Steakgrillen suchen. Der nächste Sommer kommt bestimmt – und Sie werden das Glückskind Ihrer Siedlung sein. Halten Sie Ausschau nach Druckstoffen mit kräftigen Blüten, um sie als Applikationsmotive auszuschneiden.

Sie brauchen:

50 cm Baumwoll-Chambray (112 cm breit) für Rockteil und Bund

50 cm Vichykaro-Stoff (Bauernleinen, 112 cm breit) für Rüsche und Bindebänder

25 cm Druckstoff mit Blumenmotiven (110 cm breit) für die Applikationen

270 cm Schrägband (12 mm breit)

25 cm aufbügelbares Haftvlies

Schnittmusterpapier

Nähmaschine

Nadel und passendes Nähgarn

Nähen Sie mit einer 1,5 cm breiten Nahtzugabe, sofern nichts anderes vermerkt ist.

Hinweis:

Zum mühelosen Ausschneiden der Blüten ist eine spitze Stickschere unerlässlich.

1.

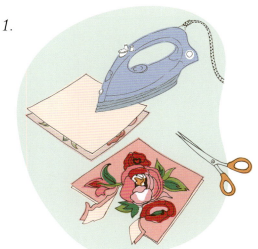

Fertigen Sie Papierschnitte anhand des Schürzenmusters A auf dem Schnittmusterbogen und des Taschenmusters 3 (Seite 122) an, um damit den Baumwoll-Chambray zuzuschneiden. Suchen Sie zwei geeignete Blüten auf dem Motivstoff, schneiden Sie sie aus und gestalten Sie damit die Applikationen, so wie auf Seite 112 beschrieben.

2. Für die Rüsche schneiden Sie drei 6 x 77 cm große Streifen aus dem karierten Stoff zu und nähen sie zu einem langen Teil zusammen. Die Nahtzugaben sichern Sie gegen Ausfransen mit Zickzackstich oder beschneiden sie mit einer Zackenschere. Mit einem 225 cm langen Schrägband fassen Sie eine Längskante des Rüschenstreifens ein (siehe Seite 112 unten).

3.

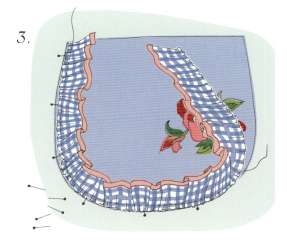

Die andere Längskante kräuseln Sie per Hand oder Nähmaschine ein, bis die Rüsche 125 cm lang ist (siehe Seite 114 und 115). Stecken und heften Sie die Rüsche, rechts auf rechts, so auf den gerundeten Schürzenrand, dass die Schnittkanten bündig liegen. Steppen Sie die Rüsche fest. Damit die Nahtzugaben nicht ausfransen, beschneiden Sie sie mit einer Zackenschere.

4.

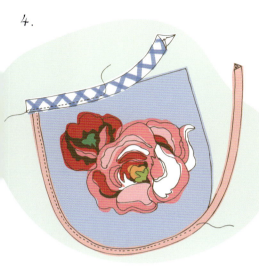

Fassen Sie die gerundete Tasche an den Seiten und unten sorgfältig mit 38 cm Schrägband ein. Für die Oberkante schneiden Sie aus dem Karostoff diagonal ein 3 x 18 cm großes Schrägband zu. Schlagen Sie seine Längskanten 5 mm breit nach links ein und bügeln Sie sie. Klappen Sie das Band mit eingeschlagenen Kanten längs auf die Hälfte zusammen und bügeln Sie es. Fassen Sie damit die obere Taschenkante ein. Stecken Sie die Tasche auf die Schürze, wobei alle Schrägbandenden sorgfältig eingeschlagen sein müssen. Beim Aufsteppen nähen Sie durch die schon vorhandene Naht.

5. Für den Bund schneiden Sie aus dem Baumwoll-Chambray ein 15 x 49 cm großes Rechteck zu. Für die Bindebänder benötigen Sie zwei 9 x 48 cm große Streifen aus dem Karostoff.

6. Kräuseln Sie, 12 mm unterhalb der Schnittkante, die vordere Schürzenmitte von Hand ein (siehe Seite 114 unten). Die Gesamtbreite der Schürze, die inklusive Rüsche zunächst 55 cm beträgt, soll dadurch auf 46 cm reduziert werden. Beim Anfertigen und Befestigen von Bindebändern und Bund orientieren Sie sich an der Anleitung auf Seite 119.

Fleißiges Lieschen

Die Schürze in Lippenstiftrosa scheint direkt aus einem Haushaltsjournal der 50er Jahre entsprungen zu sein – fröhlich, kokett und feminin, ein Symbol für die „zufriedene Hausfrau". Eine riesige Blütenapplikation dient gleichzeitig als Tasche, die Bindebänder sind frivol zu einer Pussycat-Schleife gebunden.

Sie brauchen:

65 cm einfarbigen Stoff (112 cm breit) für Schürzenteil, Bund und Bindebänder

25 cm geblümten Druckstoff (136 cm breit) für die Schürzenrüschen und die Tasche

85 cm einfarbigen Stoff (112 cm breit) für die Taschenrüschen

125 cm breite Zackenlitze in passender Farbe

100 cm schmale Zackenlitze in passender Farbe

Schnittmusterpapier

Nähmaschine

Nadel und passendes Nähgarn

Nähen Sie mit einer 1,5 cm breiten Nahtzugabe, sofern nichts anderes vermerkt ist.

1. Fertigen Sie einen Papierschnitt nach Schürzenmuster A auf dem Schnittmusterbogen an, um damit den Uni-Stoff zuzuschneiden. Bereiten Sie zudem für den Bund einen 15 x 49 cm und für die Bindebänder zwei 13 x 63 cm große Streifen vor.

2.

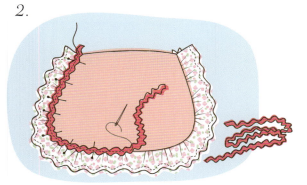

Aus dem geblümten Stoff schneiden Sie die runde Taschenform zweimal zu (siehe Taschenmuster 10 auf Seite 121) sowie für die Schürzenrüsche drei 7,5 x 77 cm große Streifen. Nähen Sie die Streifen zu einem langen Band zusammen. Die Nahtzugaben sichern Sie gegen Ausfransen mit Zickzackstich oder beschneiden sie mit einer Zackenschere. Versäubern Sie eine Längskante mit einem aufgesteppten Saum (siehe Seite 114). Schlagen Sie dabei den Rand zuerst 7 mm und dann 8 mm breit nach links um. Die andere Längskante kräuseln Sie per Hand oder Nähmaschine ein, bis die Rüsche 125 cm lang ist (siehe Seite 114 und 115). Stecken, heften und steppen Sie die Rüsche, rechts auf rechts und mit bündigen Schnittkanten, auf die unteren und seitlichen Schürzenränder. Nähen Sie ein 125 cm langes Stück der breiten Zackenlitze von rechts über die Verbindungsnaht zwischen Schürze und Rüsche.

3.

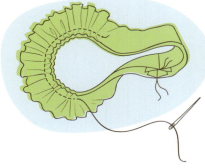

Für die Taschenrüsche schneiden Sie einen 9 x 83 cm großen Stoffstreifen zu und nähen ihn an den Schmalseiten, rechts auf rechts, zu einem Ring zusammen. Bügeln Sie die Nahtzugaben. Falten Sie den Streifen längs auf die Hälfte zusammen (linke Stoffseite innen). Nach dem Bügeln kräuseln Sie die offene Seite so ein, dass ihr Umfang 48 cm misst und dass der Ring flach liegt.

4.

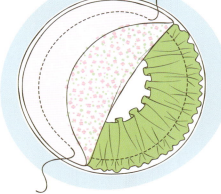

Legen Sie ein Taschenteil (rechte Stoffseite oben) auf den Tisch. Stecken, heften und steppen Sie die Rüsche rundherum so darauf fest, dass alle Schnittkanten außen bündig liegen. Platzieren Sie das zweite Teil (rechte Stoffseite unten) exakt darüber. Folgen Sie dann der Anleitung für verstürzte Taschen auf Seite 115, wobei Sie beim Zusammennähen durch die vorhandene Naht und durch alle drei Lagen steppen. Zum Wenden muss eine 6 cm breite Lücke bleiben.

5. Für Blütenstiel und Blätter steppen Sie ein 50 cm und zwei 25 cm lange Stücke des schmalen Zackenbandes auf die Schürze und nähen die Taschenblüte darauf: Lassen Sie beim Aufsteppen (an der Verbindungsnaht zwischen Blumenstoff und Rüsche) 15 cm für den Tascheneingriff frei.

6. Kräuseln Sie die obere Schürzenkante auf eine Breite von 46 cm ein. Bringen Sie den Schürzenbund so an, wie auf Seite 117 beschrieben. Bei den Bindebändern orientieren Sie sich an der Anleitung auf Seite 119 „Bindebänder: schnell gemacht". Die ungesäumten Enden falten Sie jeweils in drei Lagen ziehharmonikaähnlich zusammen. Das Prinzip der Weiterverarbeitung ist auf Seite 119 oben in Schritt 3 und 4 dargestellt.

Diva des Hauses

Lustige Applikationen aus gebrauchten Baumwollkleidern erinnern an altmodisches Haushaltsgeschirr, während die oben und unten begrenzte Fläche aus Vichykaro-Stoff den 3-D-Eindruck einer Tischdecke vermittelt. Diese Schürze ist nicht nur praktisch – mit ihrem aufgesetzten Täschchen für den MP3-Player –, sondern sie macht auch optisch etwas her und möchte Sie daran erinnern: Mach mal Pause und vergiss die Hausarbeit!

Sie brauchen:

55 cm einfarbigen Stoff (112 cm breit) für die Grundfläche der Schürze und den Bund

70 cm Vichykaro-Stoff (Bauernleinen, 112 cm breit) für Rockteil, Tasche und Bindebänder

zwei Stücke Druckstoff (20 x 30 cm) für die Applikationen

Schnittmusterpapier

30 cm aufbügelbares Haftvlies

Nähmaschine

Nadel und passendes Nähgarn

Nähen Sie mit einer 1,5 cm breiten Nahtzugabe, sofern nichts anderes vermerkt ist.

1. Schneiden Sie aus dem einfarbigen Stoff für die Grundfläche der Schürze ein 52,5 x 68 cm großes Rechteck und für den Bund einen 13 x 47 cm großen Streifen zu. Für die aufgesetzte Fläche benötigen Sie ein 34 x 68 cm großes Stück Karostoff.

2.

Falten Sie an dem karierten Stoffrechteck die beiden Längskanten 1,5 cm breit zur linken Stoffseite um und bügeln Sie diese Ränder. Legen Sie diese Fläche so auf die einfarbige Schürzengrundfläche (rechts auf rechts), dass die Seitenkanten bündig liegen und dass zum unteren Schürzenrand ein 15 cm großer Abstand bleibt. Stecken, heften und steppen Sie oben und unten die aufgesetzte Fläche auf die Grundfläche, indem Sie 5 mm neben den Faltkanten durch alle Stofflagen nähen.

3.

Für die Applikationsmotive übertragen Sie die Tee- und Kaffeekannenvorlage von Seite 125 und 126 auf Papier und schneiden die Formen als Schablonen aus. Wie man generell die Motive präpariert und appliziert, lesen Sie in der Anleitung auf Seite 112 nach. Gestalten Sie die aufgenähten Kannen zusätzlich weiter aus – mit dekorativen Maschinennähten in passender Kontrastfarbe, so wie das die Fotos zeigen.

4. Versäubern Sie die beiden Seiten und die Unterkante der Schürze mit einem aufgesteppten Saum (siehe Seite 114 oben), wobei Sie die Kanten zweimal 1,5 cm breit zur linken Stoffseite umschlagen. So wird an den Seiten gleichzeitig der karierte Stoff mit der Grundfläche verbunden.

5. Kräuseln Sie die obere Schürzenkante per Hand oder Maschine so ein, dass sie nur noch 44 cm breit ist (siehe Seite 114 und 115). Die Fältchen verteilen Sie gleichmäßig über die gesamte Breite.

6.

Nähen Sie den Schürzenbund zunächst so an, wie auf Seite 117 in Schritt 1 bis 3 beschrieben. Für die Bindebänder schneiden Sie zwei 13 x 63 cm große Streifen aus dem Karostoff zu. Schlagen Sie alle Längsseiten und jeweils ein Ende der Bänder zuerst 7 mm, dann 8 mm breit nach links um und steppen Sie diesen Saum knappkantig fest (siehe Seite 114 oben). Das andere, ungesäumte Ende falten Sie jeweils in drei Lagen ziehharmonikaähnlich zusammen. Stecken Sie diese Enden auf die rechte Bundseite und folgen Sie weiter der Anleitung auf Seite 119 oben, Schritte 3 und 4.

7.

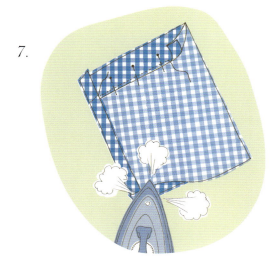

Für die kleine aufgesetzte Tasche schneiden Sie ein 13 x 16 cm großes Rechteck fadengerade aus dem Karostoff zu. Versäubern Sie es oben mit einem aufgesteppten Saum (siehe Seite 114), wobei Sie den Rand 1,5 cm und dann 3 cm breit nach links umschlagen. Die anderen drei Ränder bügeln Sie nur einmal 1,5 cm breit nach links. Stecken, heften und steppen Sie die Tasche mustergemäß, knappkantig und passgenau am oberen Rand der großen karierten Fläche auf die Schürze.

Einfach süß

Solch eine niedliche Schleckerei kommt sicher auch als Schürze bei jedem gut an, der Süßes liebt. Der appetitliche Napfkuchen ist sehr leicht zu applizieren, ebenso die Kuchenform: Sie dient als geräumige Tasche und hält alle Backutensilien für unsere kleinen Konditormeister griffbereit. Stillen Sie Ihren Heißhunger auf Naschwerk doch einmal mit solch einer leckeren Näharbeit!

Sie brauchen:

35 cm einfarbigen Stoff (110 cm breit) für das Schürzenteil

gestreiften Stoff (28 x 28 cm) für die Tasche (Kuchenform)

einfarbigen Stoff (24 x 24 cm) für die Kuchen-Applikation

einfarbigen Stoff (10 x 20 cm) für die Zuckerguss-Applikation

einfarbiges Stoffstückchen für die Kirsch-Applikation

zwei 24 cm lange Zackenlitzen (breit) in verschiedenen Farben

275 cm Schrägband (2 cm breit)

25 cm aufbügelbares Haftvlies

Schnittmusterpapier

Nähmaschine

Nadel und passendes Nähgarn

Nähen Sie mit einer 1,5 cm breiten Naht-zugabe, sofern nichts anderes vermerkt ist.

1. Fertigen Sie anhand des Musters G auf dem Schnittmusterbogen einen Papierschnitt an. Schneiden Sie mit seiner Hilfe das Schürzenteil aus dem einfarbigen Stoff zu.

2.

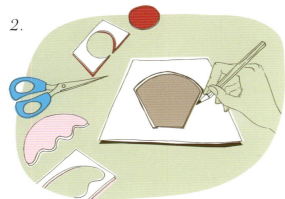

Für die Applikation übertragen Sie die drei Motive von Seite 124 auf Papier: die gesamte Kuchenfläche sowie die Kirsche und den Zuckerguss (nochmals den oberen Kuchenteil). Schneiden Sie die Teile aus. Folgen Sie der Anleitung auf Seite 112 oben, um die Applikationsmotive vorzubereiten und auf der Schürzenfläche aufzusteppen – zunächst ohne die gestreifte Kuchenform-Tasche.

3.

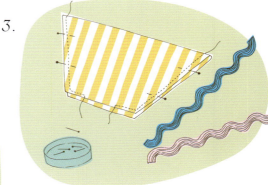

Fertigen Sie anhand des Taschenmusters 9 auf Seite 124 einen Papierschnitt an. Legen Sie ihn so auf den Streifenstoff, dass die Tasche später senkrecht ge-streift ist. Schneiden Sie den Stoff aus. Stecken Sie das doppelte Taschenteil rechts auf rechts und mit oben liegender Faltkante zusammen. Das spart eine Naht, wenn Sie die Tasche nach der Anleitung auf Seite 115 unten verstürzen (mit einer 1 cm breiten Nahtzugabe). Nach dem Wenden und Bügeln verzieren Sie sie mit einer 24 und 22 cm langen Za-ckenlitze, ihre Enden falten Sie zur Rückseite. Die fertige Tasche stecken und heften Sie in der richti-gen Lage auf die Applikation. Steppen Sie sie knappkantig entlang der Seiten und der Unterkante fest. Die oberen Nahtenden sichern Sie mit zusätz-lichen Stichen.

4. Fassen Sie die obere Kante des Schürzenlatzes mit einem 18 cm langen Schrägband ein, so wie auf Seite 112 unten beschrieben. Schneiden Sie die Enden des Bandes schräg ab – den seitlichen Kanten folgend. Anschließend fassen Sie die untere, gerundete Schürzenkante ein.

5. Nackenband, seitliche Einfassung und Bindebänder entstehen in einem Arbeitsgang. Dafür falten und bügeln Sie zunächst ein 185 cm langes Schrägband in Längsrichtung (siehe Seite 112). Zum Feststellen der Bandmitte legen Sie es auf die Hälfte und markieren diese Faltstelle mit einer Stecknadel. Von dort aus messen Sie beidseitig jeweils 20 cm ab und markieren diese seitlichen Punkte ebenfalls mit Nadeln. Fassen Sie nun die Seiten des Latzes ein: Dabei beginnen Sie zuerst an der oberen, schon eingefassten Latzkante und stecken sie auf Höhe der seitlichen Nadelmarkierungen im Schrägband fest.

6.

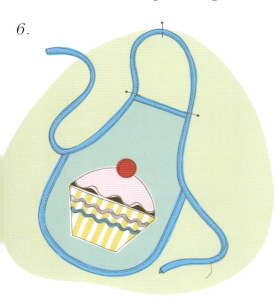

Stecken Sie fortlaufend die seitlichen Latzkanten und die Rüschen-Enden ins gefaltete Schrägband. Wenn Sie es nun von einem Ende zum anderen zusammen- und feststeppen, wird die Einfassung gleichzeitig mit Nacken- und Bindebändern an der Schürze fixiert. Um die Enden zu versäubern, schlagen Sie die Kanten vor dem Absteppen ein.

Feines Kätzchen

Dieses Lätzchen ist aus Tenugui genäht, einem traditionellen japanischen Stoff, der oft für Hand- und Halstücher verwendet wird. Das Wort bedeutet „Hände abwischen". In der Edo-Periode nutzte man Tenuguis als Bandage, zum Binden japanischer Sandalen und als Kopftuch. Die Katzenapplikation besteht aus Toile de Jouy, einem weiteren Druckstoff mit langer Geschichte. Einfassungen in Türkis beleben die dunklen Töne dieses „tierischen" Schürzchens.

Sie brauchen:

Druckstoff (35 x 50 cm) mit Fischmotiven für das Lätzchenteil

Druckstoff (20 x 80 cm) mit Blumenmotiven für die Applikation und die Bindebänder

220 cm Schrägband in passendem Kontrast (2 cm breit)

Schnittmusterpapier

25 cm aufbügelbares Haftvlies

blauen und rosa Filzrest

einen Knopf

Nähmaschine

Nadel und passendes Nähgarn

Nähen Sie mit einer 1,5 cm breiten Nahtzugabe, sofern nichts anderes vermerkt ist.

Hinweis:

Das Lätzchen ist leichter zuzubinden, wenn der Stoff für die Bänder steif genug ist. Wählen Sie kräftiges Material dafür oder verstärken Sie leichten Stoff, indem Sie zwei Lagen mit Haftvlies verbinden und dann erst die Bänder daraus zuschneiden.

1. Fertigen Sie anhand des Musters F auf dem Schnittmusterbogen einen Papierschnitt an. Schneiden Sie mit seiner Hilfe das Lätzchen aus dem Stoff mit den Fischen zu.

2.

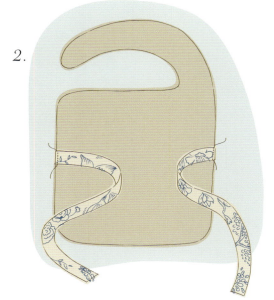

Für die Bindebänder schneiden Sie aus dem geblümten Stoff zwei 7 x 50 cm große Streifen zu. Falten Sie sie, rechts auf rechts, längs auf die Hälfte zusammen. Steppen Sie jeweils ein Ende und die Längskanten zusammen. An den Ecken schrägen Sie die Zugaben bis kurz vor die Naht ab. Wenden Sie die Bänder auf rechts und bügeln Sie sie. Stecken und steppen Sie die offenen Enden seitlich auf die linke Stoffseite des Lätzchens, die Schnittkanten liegen bündig übereinander.

3.

Fassen Sie die gesamte Schnittkante rund ums Lätzchen mit einem 190 cm langen Schrägband ein, so wie auf Seite 112 unten beschrieben. Dabei werden die Enden der Bindebänder mit eingeschlossen. Ganz am Ende falten Sie die Schmalkanten vor dem Festnähen sorgfältig nach innen.

4. Um die Katzen-Applikation aufs Lätzchen zu nähen, übertragen Sie die Vorlage von Seite 123 auf Papier und schneiden diese Form als Schablone aus. Orientieren Sie sich für die Fertigstellung an der Anleitung auf Seite 112 oben.

5.

Augen und die Nase schneiden Sie aus Filz zu und sticken sie von Hand auf. Mehrere doppelt genähte Linien aus Nähmaschinenstichen bilden die Schnurr-haare. Aus einem 30 cm langen Schrägbandrest und nach der Anleitung auf Seite 113 fertigen Sie die gekreuzte Schleife an.

6.

Arbeiten Sie ein Knopfloch in das Schulterband und nähen Sie einen Knopf an. Eine Alternative wäre ein angenähtes Klettbandstückchen.

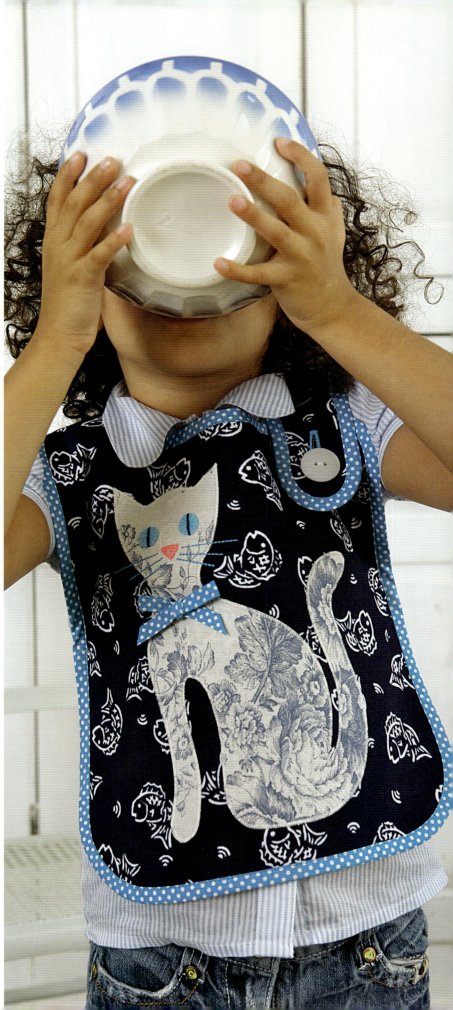

Sweetheart

Diese herzförmige Latzschürze wird seinen Puls beschleunigen ... dazu passen Absatz-

schuhe – je höher, desto besser! Das hübsche rosa-weiße Vichykaro erinnert an weiche, süße

Marshmallows. Für einen Hauch Dessous-Feeling sorgt ein Satin-Trägerband. Das Design,

so klar und unverfälscht, ist bezaubernd wie eine Konfektschachtel der 50er Jahre.

Sie brauchen:

130 cm Vichykaro-Stoff (Bauernleinen, 112 cm breit) für das Rockteil, den herzförmigen Latz, die Tasche und die Rüschen

150 cm Satinband (1,5 cm breit) für das Nackenband

Schnittmusterpapier

Nähmaschine

Nadel und passendes Nähgarn

Nähen Sie mit einer 1,5 cm breiten Nahtzugabe, sofern nichts anderes vermerkt ist.

1. Fertigen Sie einen Papierschnitt nach Schürzenmuster E (Rockteil) auf dem Bogen an, um mit seiner Hilfe den Karostoff zuzuschneiden.

2. Für die Rüsche am Rockteil schneiden Sie aus dem Karostoff drei 7,5 x 103 cm große Streifen zu. Nähen Sie sie zu einem langen Band zusammen. Die Nahtzugaben versäubern Sie mit Zickzackstich oder beschneiden sie mit einer Zackenschere. Eine Längskante versehen Sie mit einem aufgesteppten Saum (siehe Seite 114), wobei Sie den Rand zweimal 5 mm breit nach links umschlagen. Die andere Längskante kräuseln Sie ein, bis die Rüsche 147 cm lang ist (siehe Seite 114 und 115).

3.

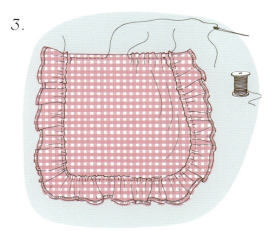

Stecken, heften und steppen Sie die Rüsche, rechts auf rechts und mit bündigen Schnittkanten, auf die unteren und seitlichen Schürzenränder. Die Nahtzugaben sichern Sie gegen Ausfransen mit Zickzackstich oder beschneiden sie mit einer Zackenschere. Kräuseln Sie die obere Rockkante von beiden Seiten aus per Hand oder Nähmaschine ein, bis ihre Breite inklusive Rüschen nur noch 46 cm beträgt (siehe Seite 114 und 115).

4. Schneiden Sie für den Bund einen 15 x 49 cm und für die Bindebänder zwei 8 x 48 cm große Streifen aus dem Karostoff zu. Folgen Sie der Anleitung auf Seite 119 oben, um Bund und Bindebänder anzufertigen und an die die Schürze zu nähen.

5. Fertigen Sie einen Papierschnitt nach Taschenmuster 3 an (Seite 122). Schneiden Sie das Taschenteil zweimal aus Karostoff zu. Mit einer Nahtzugabe von 1,5 cm und nach der Anleitung auf Seite 115 nähen Sie die verstürzte Tasche. Stecken und steppen Sie sie auf das Rockteil.

6. Fertigen Sie einen Papierschnitt nach Schürzenmuster I auf dem Schnittmusterbogen an, um damit den Latz zweimal zuzuschneiden – aus doppelt liegendem Karostoff.

7.

Für die Latzrüsche nähen Sie aus dem Karostoff zwei 7,5 x 78 cm große Streifen zu einem Ring zusammen. Versäubern Sie die Nahtzugaben und säumen Sie die Rüsche an einer Längskante so, wie in Schritt 3 beschrieben. Die zweite Längskante kräuseln Sie ein, bis die Rüsche 86 cm lang ist. Stecken, heften und steppen Sie sie, rechts auf rechts und mit bündigen Schnittkanten, auf den gesamten Rand eines der beiden Latzteile.

8.

Stecken Sie zwei 75 cm lange Satinbänder wie abgebildet an die oberen Herzrundungen. Stecken und heften Sie das zweite Latzteil (rechte Stoffseite unten) mit bündig liegenden Schnittkanten exakt darüber: Dabei werden Rüsche und Satinbänder sandwichartig eingefasst. Steppen Sie die Teile genau auf der schon vorhandenen Naht durch alle drei Lagen hindurch zusammen, jedoch muss zum Wenden eine 5 cm breite Lücke bleiben. Schneiden Sie die Nahtzugaben etwas zurück und kerben Sie sie an den Rundungen mehrfach ein, damit sie später flach liegen. Wenden Sie den Latz auf rechts (siehe auch Seite 115 unten).

9.

Schließen Sie die Lücke mit Staffierstichen, bügeln Sie den Rand und steppen Sie ihn 1 cm neben der Rüsche ab. Stecken Sie den Latz so mittig aufs Rockteil, dass die Herzspitze unterm Bund endet.

10. Heften und steppen Sie den Latz an das Rockteil, indem Sie durch alle Lagen und dabei exakt auf der Verbindungsnaht zwischen Rüsche und Herzform nähen.

Metzgerjunge (Seite 86)

Frühlingsgefühle (Seite 76)

Lust auf Indigo (Seite 84)

Safarilook (Seite 80)

Hübsche Sträußchen (Seite 78)

Singapore Sling (Seite 88)

Kapitel 5

Apart und praktisch

Frühlingsgefühle

Eine adrette, zeitgemäße Schürze – und stylisch obendrein!

Narzissengelb und Maigrün fangen die Frische des Frühlings ein und bringen den perfekten Look in die Gartenarbeit. Ein Blickfang ist der aufgesetzte breite Streifen, der zugleich eine Reihe von Taschen verbirgt: für die kleine Harke, die Pflanzschaufel und die Bindeschnur. Mode und Funktionalität vereinen sich in dieser Halbschürze.

Sie brauchen:

50 cm Stoff (92 cm breit) mit eingewebten Streifen für das Rockteil

30 cm Druckstoff mit Blumenmotiven (92 cm breit) für die Tasche

350 cm Baumwollband (3,5 cm breit)

Nähmaschine

Nadel und passendes Nähgarn

Nähen Sie mit einer 1,5 cm breiten Nahtzugabe, sofern nichts anderes vermerkt ist.

Hinweis:

Wählen Sie einen Schürzenstoff mit eingewebten (statt aufgedruckten) Streifen, denn das Muster muss auf Vorder- und Rückseite gleich aussehen.

1. Für die Taschenfläche schneiden Sie aus dem geblümten Stoff ein 24,5 x 68 cm großes Rechteck zu. Schlagen Sie eine Längsseite 1,5 cm breit zur rechten Stoffseite um und bügeln Sie sie. Legen Sie ein 68 cm langes Baumwollband so darüber, dass eine Längsseite bündig auf dieser Faltkante liegt. Stecken, heften und steppen Sie das Band entlang seinen Längsseiten knappkantig fest.

2. Messen Sie von beiden Taschen-Schmalseiten aus 22 cm ab und markieren Sie diesen Abstand von oben nach unten mit Stecknadeln.

3.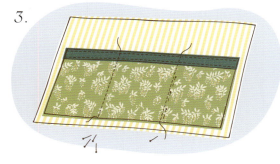

Für die Grundfläche der Halbschürze schneiden Sie ein 40 x 73 cm großes Rechteck aus dem Streifenstoff zu. Legen Sie es mit der rechten Stoffseite nach oben vor sich auf den Tisch. Platzieren Sie den Taschenstreifen so darauf, dass die aufgenähte Blende nach oben zeigt und dass unten sowie an den Seiten jeweils 2,5 cm vom Streifenstoff sichtbar sind. Steppen Sie die Teile mit zwei senkrechten Nähten entlang den zuvor gesteckten Markierungslinien zusammen; sie unterteilen die Tasche.

4.

Falten Sie den Streifenstoff an beiden Seiten zuerst 1 cm und danach 1,5 cm breit zur rechten Stoffseite um, so werden die Schnittkanten von Streifenstoff und Tasche gleichzeitig versäubert. Steppen Sie diese beiden Saumkanten knappkantig fest. Verfahren Sie dann genauso mit der Unterkante der Schürze.

5.

Die Oberkante der Schürze falten Sie einmal 1,5 cm breit zur rechten Stoffseite um. Bügeln Sie diesen Rand. Um die Mitte festzustellen, legen Sie die Schürze senkrecht auf die Hälfte zusammen und markieren die obere Mitte mit einer Stecknadel. Genauso verfahren Sie mit dem restlichen Baumwollband, dessen Mitte Sie ebenfalls mit einer Nadel markieren. Legen Sie das Baumwollband nun so auf den oberen Rand, dass der Streifen mit einer Längsseite bündig auf der Faltkante liegt – dabei müssen die Mittelmarkierungen übereinstimmen. Stecken, heften und steppen Sie das Band entlang der beiden Längsseiten knappkantig fest: So entstehen Bund und Bindebänder in einem Arbeitsgang.

6. Zur Verstärkung steppen Sie seitlich, dort wo die Schürze endet, je ein durchkreuztes Quadrat auf den Bund. Die Enden des Bandes versäubern Sie mit einem aufgesteppten Saum.

Hübsche Sträußchen

Diese charmante Schürze widme ich meiner Großmutter, die eine tolle Sammlung bestickter Tischdecken besaß – handgearbeitete Nadelmalereien von ihr und ihren Schwestern Nellie, Maggie und Lilly aus den 30er und 40er Jahren. Die Taschen sind Teile einer alten Tischdecke, die aber nicht zu Omas kostbaren Stücken gehörte: Ich entdeckte sie in einem Laden für altmodische Kleidung und Heimtextilien.

Sie brauchen:

50 cm Vichykaro-Stoff (Bauernleinen, 145 cm breit) für Rockteil und Bindebänder

ausrangierte bestickte Tischdecke für die Taschen

35,5 cm Schrägband (2,5 cm breit)

Nähmaschine

Nadel und passendes Nähgarn

Nähen Sie mit einer 1,5 cm breiten Nahtzugabe, sofern nichts anderes vermerkt ist.

Hinweis:

Wählen Sie einen Schürzenstoff mit eingewebtem (statt gedrucktem) Karo, denn das Muster muss auf Vorder- und Rückseite gleich aussehen.

1.

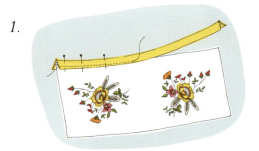

Für die Taschenfläche schneiden Sie aus der Tischdecke ein 16,5 x 35,5 cm großes Rechteck mit Blumen zu. Diese sollen möglichst zentral auf beiden Taschen sitzen. Ansonsten nähen Sie zwei einzelne Blumen-Rechtecke aneinander. Die obere Kante fassen Sie mit einem 35,5 cm langen Schrägband ein (siehe Seite 112 unten).

2. Schneiden Sie für das Rockteil aus dem Karostoff ein 28 x 40,5 cm großes Rechteck zu. Legen Sie es mit der rechten Stoffseite nach oben auf den Tisch und das Taschenteil so darauf, dass unten und an den Seiten jeweils 2,5 cm vom Karostoff sichtbar sind. Zunächst heften Sie das Teil fest.

3.

Schneiden Sie einen 2,5 x 19 cm großen Karostoff-Streifen zu. Seine Längsseiten bügeln Sie 5 mm breit nach links um. Stecken Sie ihn mittig zwischen die Blumenmotive auf die Schürze. Falten Sie das oben überstehende Ende nach hinten und steppen Sie das Band knappkantig fest.

4.

Falten Sie den Karostoff an den Seiten, dann an der Unterkante zuerst 1,5 cm und noch einmal 1,5 cm breit auf die rechte Stoffseite, um die Schnittkanten der Tasche einzufassen. Steppen Sie diese Saumkanten knappkantig fest.

5. Für Bund und Bindebänder schneiden Sie aus dem Karostoff zwei 8,5 x 103 cm große Streifen zu und folgen dann der Anleitung auf Seite 118.

6.

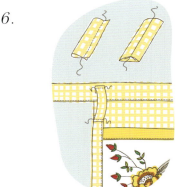

Die Gürtelschlaufen entstehen aus zwei 5 x 7,5 cm großen Karostoff-Streifen. Falten Sie jeden längs auf die Hälfte zusammen (rechts auf rechts) und steppen Sie ihn mit einer Nahtzugabe von 1 cm entlang der Längsseiten zusammen. Nach dem Wenden und Bügeln schlagen Sie die Enden ein und nähen die Schlaufen mit wenigen Stichen so seitlich an der Schürze fest, dass sie genau oben auf dem seitlichen Saum sitzen.

Safarilook

Blasse Wüstenfarben, derbe Baumwoll- und Leinenstoffe sowie das Seil erinnern eher an „Out of Africa"

als an „Out of London", wo diese Herrenschürze entstand. Die Anregung für das Modell kommt aus der

Natur. Man denkt auch an Abdeckplanen, zumal an den „Ecken" verstärkende Ösen zum Einziehen der

Nacken- und Bindeseile eingestanzt sind. Wenn Sie die robusten Materialien durch hübsche Bänder und

floral bedruckte Baumwollstoffe ersetzen, wird daraus ein Modell für die Dame des Hauses.

Sie brauchen:

75 cm festen, imprägnierten Baumwollstoff (Kaliko, 112 cm breit) für das Schürzenteil und die große Tasche

einfarbiges Stück Leinenstoff (20 x 54 cm) für die kleine Tasche und die Eckverstärkungen

270 cm Schrägband in einem Kontraston (2,5 cm breit)

300 cm Seil (2 cm stark)

vier Metallösen (8 mm) zum Einstanzen

Schnittmusterpapier

Klebeband

Nähmaschine

Nadel und passendes Nähgarn

Nähen Sie mit einer 1,5 cm breiten Nahtzugabe, sofern nichts anderes vermerkt ist.

1.

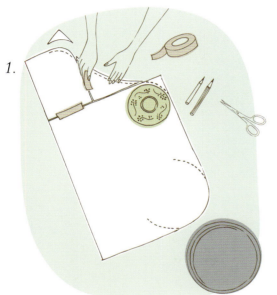

Um einen L-förmigen Papierschnitt für die Schürze anzufertigen, zeichnen Sie ein 37 x 45 cm sowie ein 16 x 25 cm großes Rechteck auf das Schnittmusterpapier und schneiden beide Teile aus. Fügen Sie sie L-förmig so aneinander, dass die Schmalseite des kleinen Rechtecks an eine des großen stößt, dabei bilden sie mit je einer Längsseite eine gemeinsame 70 cm lange Linie. Halten Sie das L mit Klebestreifen zusammen und legen Sie es mit der Unterkante vor sich auf den Tisch. Zum Abrunden der unteren rechten Ecke setzen Sie beispielsweise einen Teller mit 30 cm Durchmesser so aufs Papier, dass sein Rand beide Papierschnittkanten berührt. Zeichnen Sie die Form mit einem Stift nach und schneiden Sie das überschüssige Papier exakt entlang der Linie ab. Danach fixieren Sie es mit Klebestreifen genau im inneren Winkel der L-Form. Mit einer kleineren Schale (Durchmesser 14,5 cm) runden Sie auf gleiche Weise jeweils die obere rechte Ecke des Rockteils und des Latzes ab.

2. Für die kleine Tasche schneiden Sie aus Papier ein 17 x 19,5 cm großes Rechteck aus und runden die zwei Ecken an der unteren Schmalseite mit Hilfe eines Eierbechers ab. Für die geräumigere Tasche benötigen Sie einen 19,5 x 35 cm großen Papierschnitt, dessen untere Ecken Sie mit Hilfe einer Schale abrunden.

3. Falten Sie den Baumwollstoff längs auf die Hälfte zusammen. Stecken Sie den Papierschnitt für die Schürze so darauf fest, dass die lange Seite genau bündig mit der Faltkante liegt. Schneiden Sie das Schürzenteil und danach aus dem restlichen Baumwollstoff die große Tasche zu. Fassen Sie die obere Taschenkante mit einem 38 cm langen Schrägband ein (siehe Seite 112 unten). Den übrigen Rand schlagen Sie 1,5 cm breit zur linken Stoffseite um und bügeln diese Kanten. Stecken, heften und steppen Sie die große Tasche genau mittig auf die untere Schürzenhälfte.

4. Schneiden Sie die kleine Tasche aus dem kontrastfarbenen Leinenstoff aus. Versäubern Sie den oberen Rand mit einem aufgesteppten Saum, wobei Sie die Kanten zweimal 1,5 cm breit zur linken Stoffseite umschlagen (siehe Seite 114 oben). Den übrigen Rand schlagen Sie einmal 1,5 cm breit zur linken Stoffseite um und bügeln ihn, bevor Sie die kleine Tasche oben auf die Schürze stecken, heften und steppen.

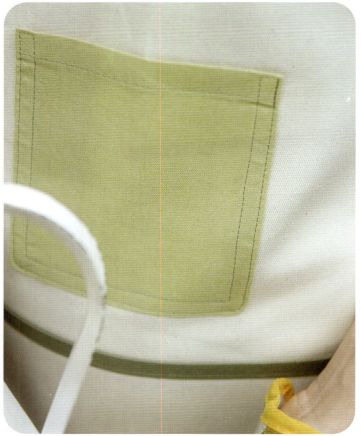

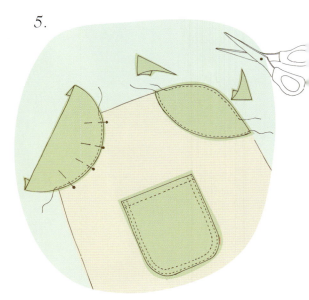

5.

Stellen Sie die Eckverstärkungen aus dem restlichen Leinenstoff her. Mit Hilfe der Schale als Schablone schneiden Sie aus dem Stoff zwei Kreise zu. Schlagen Sie rundherum die Kanten 1,5 cm breit zur linken Stoffseite um. Bügeln Sie die Ränder und schneiden Sie jeden Kreis in zwei Hälften. Breiten Sie die Schürze mit der rechten Stoffseite nach oben vor sich auf dem Tisch aus. Legen Sie die Halbkreise (linke Stoffseite nach unten) wie abgebildet auf die abgerundeten oberen Latzecken, wo später die Nackenbänder befestigt werden sollen. Verfahren Sie genauso mit den Ecken für die Taillenbindebänder. Stecken, heften und steppen Sie die Halbkreise wie gezeigt rundherum fest. Den überschüssigen Stoff schneiden Sie ab – genau entlang der gerundeten Schürzenkante.

6. Fassen Sie mit einem 225 cm langen Schrägband rundherum die komplette Schürzenkante ein, so wie auf Seite 112 unten beschrieben. Achten Sie darauf, dass an den verstärkten Ecken sämtliche Schnittkanten sauber eingeschlossen sind. Das Ende des Schrägbandes schlagen Sie vor dem Festnähen sorgfältig ein, es sollen keine Schnittkanten mehr sichtbar sein.

7.

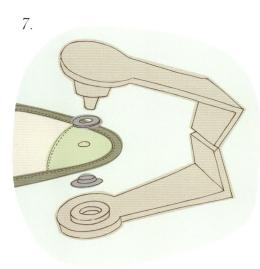

Folgen Sie der Anleitung des Herstellers, wenn Sie die vier Ösen in die vier verstärkten Ecken der Schürze stanzen.

8.

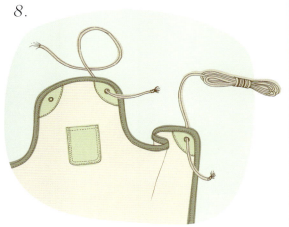

Für das Nackenband schneiden Sie ein 70 cm langes Seil zu und für die Taillenbindebänder zwei 100 cm lange Seile. Ziehen Sie sie durch die Ösen und versehen Sie die Enden mit einem Knoten, damit sie nicht herausrutschen können.

Lust auf Indigo

Am besten gelingt dieser Look, wenn Sie die Patchworkarbeit aus Secondhand-Stoffen anfertigen.

Dort finden Sie vielfältigere Farben, Webarten und Strukturen als bei neuen Fabrikstoffen. Auch

fehlen bei Neuware die unverwechselbaren Trage- und Ausbleichspuren alter Denim-Stoffe.

Sie brauchen:

36 einfarbige und gemusterte Stoffstücke (15 x 18 cm) in Indigo und anderen Blautönen für das Schürzenteil

240 cm Baumwollband (2,5 cm breit) für Nackenband und Bindebänder

350 cm Schrägband (2,5 cm breit)

Schnittmusterpapier

Nähmaschine

Nadel und passendes Nähgarn

Nähen Sie mit einer 1,5 cm breiten Nahtzugabe, sofern nichts anderes vermerkt ist.

Hinweis:

Bei Patchworkarbeiten sollten Sie nur Stoffe von ähnlicher Stärke miteinander kombinieren.

1.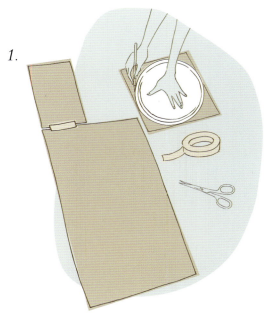

Um einen L-förmigen Papierschnitt für die Schürze anzufertigen, zeichnen Sie ein 37,5 x 65 cm sowie ein 13 x 30 cm großes Rechteck auf das Schnittmusterpapier und schneiden beide Teile aus. Fügen Sie sie L-förmig so aneinander, dass die Schmalseite des kleinen Rechtecks an eine des großen stößt, dabei bilden sie mit je einer Längsseite eine gemeinsame 95 cm lange Linie. Halten Sie das L mit Klebestreifen zusammen. Um diese Verbindung seitlich abzurunden, schneiden Sie zunächst ein 15 x 15 cm großes Papierquadrat aus. Setzen Sie einen Teller mit 30 cm Durchmesser so aufs Papier, dass sein Rand links oben und unten rechts die Papierschnittkanten berührt. Zeichnen Sie die Tellerform mit einem Stift nach, die überschüssige Ecke schneiden Sie exakt entlang dieser Linie ab. Dann fixieren Sie dieses Teil mit Klebestreifen im inneren Winkel der L-Form.

2. Breiten Sie die 36 Stoffrechtecke auf Ihrer Arbeitsfläche aus: in sechs Reihen mit je sechs senkrecht stehenden Teilen. Verändern Sie die Anordnung immer wieder, bis Ihnen die Zusammenstellung gefällt.

3.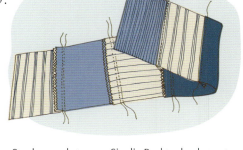

Stecken und steppen Sie die Rechtecke der ersten Reihe an den Längsseiten rechts auf rechts zusammen. Versäubern Sie die Nahtzugaben mit der Zackenschere oder mit Zickzackstich, bevor Sie sie flach zu einer Seite bügeln und (knapp neben der ersten Naht) durch alle Lagen hindurch absteppen. Stellen Sie alle Reihen fertig und ordnen Sie sie in der korrekten Abfolge vor sich an. Steppen Sie sie so zusammen, dass die schon vorhandenen Nähte exakt aufeinandertreffen. Die Zugaben verarbeiten Sie wie zuvor beschrieben.

4.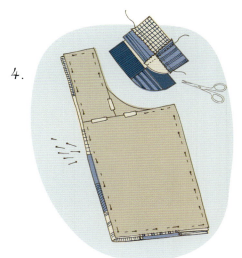

Falten Sie den Patchworkstoff längs auf die Hälfte zusammen. Stecken Sie den Papierschnitt für die Schürze so darauf fest, dass die lange Seite genau bündig mit der Faltkante liegt. Schneiden Sie das Schürzenteil sorgfältig zu – vor allem in der Kurve, denn die verbleibenden Teile werden für die Tasche benötigt.

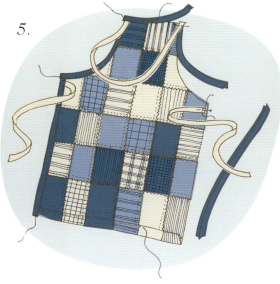

5.

Versäubern Sie die untere Schürzenkante mit einem aufgesteppten Saum (siehe Seite 114 oben), wobei Sie die Kante zweimal je 1,5 cm breit zur linken Stoffseite umschlagen. Nähen Sie zwei 90 cm lange Baumwoll-Bindebänder beidseitig in Taillenhöhe auf die linke Schürzenseite. Die Enden versäubern sie mit einem schmalen Saum. Fassen Sie die geraden Seitenkanten der Schürze jeweils mit 64 cm langem Schrägband ein (siehe Seite 112 unten). Dabei schließen Sie auch die Bindeband-Schnittkanten mit ein; die unteren Enden des Schrägbands schlagen Sie vor dem Annähen ein. Nähen Sie ebenso sorgfältig die zwei 52 cm langen Schräg-bänder an die kurvigen Seitenkanten. Die Enden des 60 cm langen Nackenbandes steppen Sie an den oberen Ecken auf die linke Stoffseite. Schließen Sie die Schnittkanten des Nackenbandes ein, wenn Sie die obere Latzkante mit einem 30 cm langen Schrägband einfassen. Die Enden schlagen Sie vor dem Festnähen sorgfältig ein.

6. Für die aufgesetzte Tasche nähen Sie die zwei Rest-stücke des Patchworkstoffs zum Halbkreis zusam-men. Versäubern Sie den oberen Rand mit einem aufgesteppten Saum, wobei Sie die Kante zweimal 1,5 cm breit nach links umschlagen. Fassen Sie die Rundung sorgfältig mit einem 88 cm langen Schräg-band ein, bevor Sie die Tasche auf die Schürze stecken, heften und steppen.

Metzgerjunge

Ideal für kleine Gourmets ist diese beinahe klassische Metzgerschürze. Mit meerblauem Twill und schmalen weißen Streifen würde das Modell traditionell wirken; ein frisches Tischdeckenkaro stünde für den Landhausstil. Unsere Schürze mit gepflegten Matratzenstreifen ist mit einer kleinen und großen Tasche ausgestattet sowie mit stabilen Nacken- und Bindebändern aus Baumwolle.

Sie brauchen:

45 cm Baumwollstoff (112 cm breit) mit Matratzenstreifen für Schürzenteil und Taschen

130 cm Baumwollband (2,5 cm breit) für Nackenband und Bindebänder

138 cm Schrägband (2,5 cm breit)

Schnittmusterpapier

Nähmaschine

Nadel und passendes Nähgarn

Nähen Sie mit einer 1,5 cm breiten Nahtzugabe, sofern nichts anderes vermerkt ist.

Hinweis:

Applizieren oder sticken Sie das Monogramm Ihres Kindes auf den Latz der Schürze, so verleihen Sie dem Modell eine ganz persönliche Note.

1. Um einen Papierschnitt für die Schürze anzufertigen, zeichnen Sie ein 43 x 23 cm großes Rechteck auf das Schnittmusterpapier und schneiden es aus. Nehmen Sie die linke Längsseite als Schürzenmitte. Zeichnen Sie von dort aus nach rechts eine waagerechte Linie: 27 cm oberhalb der Schürzenunterkante. Messen Sie an dieser Linie und an der oberen Rechteckseite jeweils von links 9 cm ab. Verbinden Sie diese Punkte mit einer senkrechten Linie. Setzen Sie eine Schale mit 28 cm Durchmesser so oben rechts aufs Papier, dass ihr Rand an zwei Stellen den soeben entstandenen Winkel berührt. Zeichnen Sie die Form nach, um diesen abzurunden. Das überschüssige Papier schneiden Sie exakt entlang der Linie ab, denn es wird das Taschenschnittmuster.

2.

Falten Sie den Baumwollstoff, links auf links, längs auf die Hälfte zusammen, die Webkanten liegen bündig. Stecken Sie den Papierschnitt für die Schürze so darauf fest, dass die lange Seite genau an der Faltkante liegt. So schneiden Sie das Schürzenteil im Stoffbruch zu. Für die Tasche falten Sie den restlichen Stoff ebenfalls so, dass Sie die Tasche im Stoffbruch zuschneiden können. Dabei liegt die gerade senkrechte Seite des Schnittmusters (Taschenmitte) an der Faltkante.

3. Versäubern Sie die geraden Schürzenseiten mit einem aufgesteppten Saum (siehe Seite 114). Dabei schlagen Sie die Kanten zweimal 1,5 cm breit nach links um und fassen oben, 1,5 cm unter den Ecken, die Enden von zwei 40 cm langen Baumwollbändern ein. Säumen Sie die anderen Enden mit zwei 5 mm und die untere Schürzenkante mit zwei 1,5 cm breiten Umschlägen.

4.

Schneiden Sie zwei 26 cm lange Schrägbänder zu und fassen Sie damit die geschwungenen Seiten des Latzes ein (siehe Seite 112 unten). Für das Nackenband schneiden Sie ein 50 cm langes Baumwollband zu und steppen es beidseitig von links oben am Latz fest: 1,5 cm neben den Ecken und mit bündigen Schnittkanten. Fassen Sie danach die obere Latzkante mit einem 22 cm langen Schrägband ein. Dabei achten Sie darauf, auch die Schnittkanten des Nackenbandes einzuschließen und die Schrägbandenden vor dem Feststeppen sorgfältig einzuschlagen.

5.

Für die kleine aufgesetzte Tasche schneiden Sie ein
13 x 15 cm großes Rechteck aus dem Streifenstoff
zu. Mit einem 14 cm langen Schrägband fassen Sie
die oberen Schmalkanten ein. Die übrigen Seiten
schlagen Sie einmal 1,5 cm breit zur linken Stoffseite um und bügeln sie, bevor Sie die kleine Tasche
oben auf die Schürze stecken, heften und steppen.
Die große Tasche versäubern Sie an der langen
oberen Seite mit einem aufgesteppten Saum, dabei
schlagen Sie die Kanten zweimal 1,5 cm breit zur
linken Stoffseite um. Die geschwungene Schnittkante fassen Sie sorgfältig mit einem 50 cm langen
Schrägband ein, die Enden schlagen Sie vor dem
Annähen sorgfältig ein. Stecken und heften Sie die
große Tasche so auf die Schürze, dass sie die kleine
Tasche unten etwas verdeckt. Steppen Sie sie
knappkantig fest.

Singapore Sling

Der ausgestellte schlichte Tunika-Schnitt gibt dem Modell die orientalische Note der 60er Jahre, während der dramatische Auftritt der Blumenbuketts auf dem Girlanden-Gittergrund ans Hollywood der 30er Jahre erinnert. Die Schürze wird über den Kopf gestreift und seitlich gebunden; sie steht jeder Figur. Durch die lebhafte Zitrusfrische mutet dieses stilvolle Modell wie ein spritziger Cocktail an.

Sie brauchen:

100 cm geblümter Druckstoff (112 cm breit) für Schürzenteil, Taschen und Bindebänder

520 cm Schrägband (2,5 cm breit)

Schnittmusterpapier

Nähmaschine

Nadel und passendes Nähgarn

Nähen Sie mit einer 1,5 cm breiten Nahtzugabe, sofern nichts anderes vermerkt ist.

1. Fertigen Sie nach Muster H (Schnittmusterbogen) und Taschenmuster 8 (Seite 122) Papierschnitte an. Stecken Sie sie so auf den Stoff, dass sich das Schürzenmuster logisch auf der Tasche fortsetzt. Schneiden Sie diese einmal und das Schürzenteil zweimal zu (Vorder- und Rückseite).

2. Fassen Sie die obere Taschenkante mit einem 54 cm langen Schrägband ein, so wie auf Seite 112 unten beschrieben.

3.

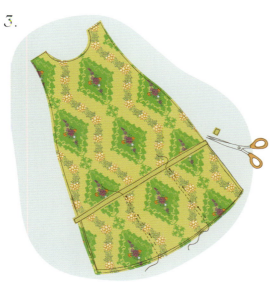

Legen Sie das Vorderteil und die Tasche mit bündig liegenden Schnittkanten darauf (rechte Stoffseiten oben) vor sich auf den Tisch. Stecken, heften und steppen Sie die Tasche unten und seitlich mit einer 5 mm breiten Nahtzugabe fest. Messen Sie an der Oberkante drei gleiche Abschnitte ab und stecken Sie von dort senkrechte Linien nach unten. Steppen Sie die Stofflagen hier zusammen, um die Tasche in drei Fächer zu unterteilen. Die Nahtenden verstärken Sie mit Rückstichen.

4.

Für die Bindebänder schneiden Sie vier 5 x 40 cm große Streifen aus dem restlichen Stoff zu. Versäubern Sie die Längskanten mit einem aufgesteppten Saum (siehe Seite 114), wobei Sie den Stoff zweimal 5 mm breit zur linken Seite umschlagen und feststeppen. Säumen Sie genauso jeweils ein schmales Ende der Bänder. Nähen Sie diese dann, links auf links, in Taillenhöhe seitlich ans Vorder- und Rückenteil, etwa 29 cm oberhalb der unteren Schürzenkante.

5. Nähen Sie Vorder- und Rückenteil, rechts auf rechts, an den Schultern zusammen. Die Nahtzugaben versäubern Sie mit Zickzackstich oder beschneiden sie mit einer Zackenschere.

6.

Fassen Sie die beiden Seitenkanten der Schürze in ganzer Länge mit zwei 140 cm langen Schrägbändern ein; dabei müssen die Schnittkanten von Tasche, Bindebändern und Schulternahtzugaben sorgfältig mit eingeschlossen werden. Den Halsausschnitt fassen Sie mit einem 70 cm langen und die unteren Kanten von Vorder- und Rückenteil mit 58 cm langen Schrägbändern ein. Vor dem Feststeppen schlagen Sie die Enden sorgfältig ein.

Fein komponiert (Seite 92)

Süß und wendig (Seite 108)

Blütentanz (Seite 96)

Einfach musterhaft (Seite 102)

Schlicht und einfach (Seite 100)

Zeit für einen Tee (Seite 98)

Schäferszenen im Rokokostil (Seite 104)

Kapitel 6

Landhaus-Charme

Fein komponiert

Geduld, Geschick und Fingerspitzengefühl sind nötig, damit diese zierliche Schürze wie ein erlesenes Erbstück wirkt. Wählen Sie die Farben, Muster und Strukturen für die Stoffe und die Einfassung äußerst sorgfältig aus. Mit seiner Vielfalt an Limonen- und Türkistönen weckt dieses Design ein wunderbares Sommerfeeling.

Sie brauchen:

15 cm Streifenstoff (90 cm breit) für den Bund

15 cm einfarbigen Stoff (112 cm breit) für die Passe oben an der Schürze

35 cm dicht geblümten Druckstoff (112 cm breit) mit feinen Blütenranken für Schürzen-Mittelteil, Rüschen und Tasche

40 cm Stoff mit feinem Karo und Blüten (112 cm breit) für Schürzen-Unterteil und Bindebänder

eine Auswahl an Satinbändern in verschiedenen Farben und Breiten

68 cm Zackenlitze

164 cm Baumwollband in einem Kontraston (2 cm breit)

Nähmaschine

Nadel und passendes Nähgarn

Nähen Sie mit einer 1,5 cm breiten Nahtzugabe, sofern nichts anderes vermerkt ist.

1. Für die Passe oben an der Schürze schneiden Sie ein 13 x 68 cm großes Rechteck aus dem einfarbigen Stoff zu. Stecken, heften und steppen Sie eine 68 cm lange Zackenlitze der Länge nach mittig auf diese Passe.

2.

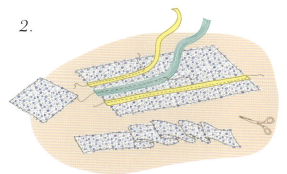

Schneiden Sie aus dem geblümten Stoff für das Mittelteil ein 17 x 68 cm großes Rechteck zu, für die Rüsche einen 11 x 100 cm großen Streifen und für die Tasche ein 15,5 x 17 cm großes Stück. Aus dem Stoff mit feinem Karo schneiden Sie fürs Schürzenunterteil ein 19 x 68 cm großes Rechteck zu. Stecken Sie danach jeweils drei hübsche Bänder in nicht zu weitem Abstand der Länge nach auf das Mittel- und Unterteil. Heften und steppen Sie sie knappkantig fest.

3. Zum Versäubern des oberen Taschenrandes falten Sie ein 17 cm langes Stück des 2 cm breiten Baumwollbandes längs auf die Hälfte zusammen, bügeln es und fassen damit eine der 17 cm langen Taschenkanten ein (siehe Seite 112 unten).

4. Versäubern Sie die beiden Schmalseiten des Rüschenstreifens mit einem aufgestepten Saum (siehe Seite 114 oben), wobei Sie die Stoffkante zuerst 5 mm und dann 1 cm breit zur linken Stoffseite umschlagen und knappkantig feststeppen. Falten Sie ein 100 cm langes Stück des 2 cm breiten Baumwollbandes längs auf die Hälfte zusammen, bügeln Sie es und fassen Sie damit eine Längsseite des Rüschenstreifens ein. Schlagen Sie die Bandenden vor dem Festnähen ein.

5.

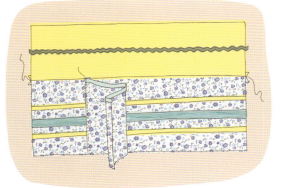

Legen Sie den Passenstreifen und das Mittelteil der Schürze rechts auf rechts übereinander und nähen Sie die Teile entlang einer Längsseite zusammen. Nach dem Bügeln legen Sie diese Fläche mit der rechten Seite nach oben vor sich auf den Tisch. An der Tasche falten und bügeln Sie die zwei senkrechten Kanten 1,5 cm zur linken Stoffseite um. Platzieren Sie die Tasche dann so auf dem Mittelteil, dass die Einfassung oben an die Passe stößt und dass die Schnittkanten unten bündig liegen. Stecken, heften und steppen Sie die Tasche entlang den senkrechten Faltkanten fest. Danach steppen Sie das Schürzenunterteil rechts auf rechts ans Mittelteil, wobei Sie die untere Taschenkante mit in die Naht einschließen.

6. Die nicht eingefasste Längskante des Rüschenstreifens kräuseln Sie per Hand oder Nähmaschine
ein, bis die Rüsche 62 cm lang ist (siehe Seite 114
und 115). Legen Sie sie, rechts auf rechts und mit
bündigen Schnittkanten, aufs Unterteil der Schürze;
rechts und links bleiben 3 cm frei. Nähen Sie die
Teile zusammen. Bügeln Sie dann alle Nahtzugaben
der zwei unteren Verbindungsnähte aufeinander zu.
Dann steppen Sie die Zugaben von rechts, durch die
drei Stofflagen hindurch, knapp neben den Nähten
auf dem unteren Schürzenstreifen fest. An der
oberen Verbindungsnaht hingegen (zwischen Passe
und Mittelteil) bügeln und nähen Sie die Zugaben
nach oben.

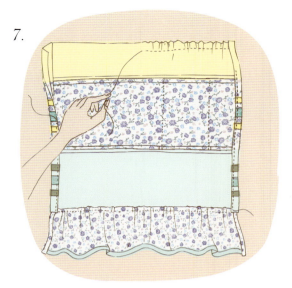

Versäubern Sie die Seitenkanten der Schürze mit
einem aufgesteppten Saum, wobei Sie die Kanten
zweimal 1,5 cm zur linken Stoffseite umschlagen
und knappkantig feststeppen. Die obere Schnittkante der Passe kräuseln Sie per Hand oder Nähmaschine ein, bis sie 44 cm lang ist.

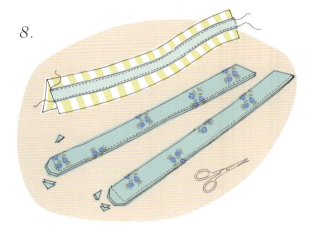

Für den Bund schneiden Sie aus dem Streifenstoff
ein 13 x 47 cm großes Rechteck zu. Falten und
bügeln Sie es längs auf die Hälfte zusammen, die
linke Stoffseite liegt innen. Nach dem Öffnen
stecken, heften und steppen Sie ein 47 cm langes
Stück des 2 cm breiten Baumwollbandes in Längsrichtung mittig auf eine Seite des Bundes. Für die
Bindebänder schneiden Sie zwei 8 x 48 cm große
Streifen aus dem Stoff mit dem feinen Karo zu. Um
Bund und Bindebänder fertigzustellen, folgen Sie
der Anleitung auf Seite 119 oben.

Blütentanz

Die fein gezeichneten Frühlingsblüten scheinen aufgeregt über die charmante Schürze zu hüpfen, während der Überschwang der Farben in den quirligen Rüschen nachklingt. Tragen Sie diese Schürze, und das Frühjahr bricht an! Die Farbpalette mag kräftig erscheinen, doch die Stimmung ist zart und sehr feminin – was die Fältchen an Taille und Täschchen noch betonen.

Sie brauchen:

55 cm geblümten Druckstoff (112 cm breit) für Schürze und Tasche

30 cm einfarbigen Stoff (112 cm breit) für Bund und Bindebänder

25 cm einfarbigen Stoff (112 cm breit) für die Rüschen

einfarbiges Stoffstück (8 x 20 cm) in einer Kontrastfarbe für die Tascheneinfassung

Schnittmusterpapier

Nähmaschine

Nadel und passendes Nähgarn

Nähen Sie mit einer 1,5 cm breiten Nahtzugabe, sofern nichts anderes vermerkt ist.

1. Fertigen Sie Papierschnitte für die Schürze (Muster E, Bogen) und die Tasche an (Muster 2, Seite 121). Schneiden Sie aus dem geblümten Stoff das Rockteil einmal und die Tasche zweimal zu.

2. Für die Rüsche schneiden Sie aus dem einfarbigen Stoff drei 7,5 x 103 cm große Streifen zu. Nähen Sie sie zu einem langen Band zusammen. Die Nahtzugaben versäubern sie mit Zickzackstich oder beschneiden sie mit einer Zackenschere. Eine Längskante versehen Sie mit einem aufgesteppten Saum (siehe Seite 114), wobei Sie den Rand zweimal 5 mm breit nach links umschlagen.

3. Die andere Längskante kräuseln Sie ein, bis die Rüsche 147 cm lang ist (Seite 114 und 115). Stecken, heften und steppen Sie die Rüsche, rechts auf rechts und mit bündigen Schnittkanten, auf den gerundeten Schürzenrand. Die Nahtzugaben sichern Sie gegen Ausfransen mit Zickzackstich oder beschneiden sie mit einer Zackenschere.

4. Stecken und nähen Sie beide Taschenteile, rechts auf rechts, entlang den gerundeten Seiten mit 1 cm breiter Zugabe zusammen. Knipsen Sie die Zugaben an den unteren Rundungen etwas ein, dann wenden Sie die Tasche. Kräuseln Sie die doppelte Oberkante in der Mitte ein, bis sie 15,5 cm lang ist.

5. Bügeln Sie ein 5 x 17,5 cm großes einfarbiges Stoffstück längs auf die Hälfte zusammen. Nähen Sie es, rechts auf rechts, mit einer 1 cm breiten Zugabe auf den gekräuselten Taschenrand. Falten Sie den Streifen auf die Rückseite, schlagen Sie die Kante und die Enden 1 cm sorgfältig nach innen und nähen Sie diese Einfassung mit Staffierstichen von Hand an. Steppen Sie die Tasche knappkantig auf die Schürze, wobei Sie Anfang und Ende der Naht mit Rückstichen sichern.

6.

Kräuseln Sie die obere Schürzenkante in der Mitte so weit ein, bis sie (inklusive Rüsche) 45 cm lang ist. Für den Bund schneiden Sie aus einfarbigem Stoff einen 15 x 49 cm großen und für die Bindebänder zwei 9 x 48 cm große Streifen zu. Um Bund und Bindebänder fertigzustellen, folgen Sie der Anleitung auf Seite 119 oben.

Zeit für einen Tee

Nichts erinnert stärker an die Teestunden vergangener Tage als ein erlesenes, frisch gemangeltes Tischtuch, dessen Blütenmotive mit dem Blumendekor auf dem Sonntagsgeschirr harmonieren. Diese feminine Schürze, die wie handbestickt und oft benutzt wirkt, sollten Sie wählen, wenn Sie zum Tee bitten. Das Modell verspricht ein Gefühl von Wohlbefinden und Zufriedenheit. Französische Vichykaro-Bänder und ein Lochspitzenrand sorgen für Farbe und Textur und machen diese Schürze zum perfekten Frühlingsbegleiter.

Sie brauchen:

eine alte mit Blumen bestickte Tischdecke für das Schürzenteil

15 cm einfarbigen Stoff (112 cm breit) für den Bund

10 cm Vichykaro-Stoff (Bauernleinen, 112 cm breit) für die Binde-bänder

80 cm Lochspitze (4 cm breit)

sechs 80 cm lange Vichykaro-Bänder (1,5 cm breit) in ver-schiedenen Farben

48 cm Satinband (1,5 cm breit)

Nähmaschine

Nadel und passendes Nähgarn

Nähen Sie mit einer 1,5 cm breiten Naht-zugabe, sofern nichts anderes vermerkt ist.

1. Für die Schürze schneiden Sie aus der Blumentisch-decke ein 51 x 78 cm großes Rechteck zu. Achten Sie darauf, dass die Motive symmetrisch zur Mittel-linie verteilt sind. Stecken und steppen Sie die Loch-spitze, rechts auf rechts, so auf den unteren Rand, dass beide Schnittkanten bündig liegen. Bügeln Sie beide Nahtzugaben mit Dampf in Richtung Schür-zenfläche. Steppen Sie sie dann von rechts, knapp neben der Verbindungsnaht, durch die drei Stoff-lagen hindurch fest.

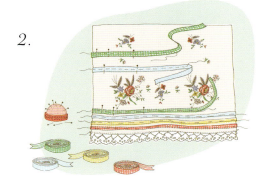

2. Verzieren Sie den unteren Schürzenrand mit vier 80 cm langen Vichykaro-Bändern, die Sie oberhalb der Lochspitze mit nicht zu großen Abständen auf die Schürze stecken, heften und knappkantig auf-steppen. Zwei weitere 80 cm lange Vichykaro-Bänder nähen Sie im mittleren Schürzenbereich auf. Versäubern Sie die senkrechten Schürzenränder mit einem aufgesteppten Saum (siehe Seite 114 oben), wobei Sie die Kanten zweimal je 1,5 cm breit zur linken Stoffseite umschlagen.

3. Kräuseln Sie den oberen Schürzenrand per Hand oder Nähmaschine so ein, bis er 44 cm lang ist (siehe Seite 114 und 115).

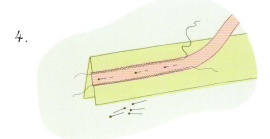

4. Für den Bund schneiden Sie aus einfarbigem Stoff ein 13 x 47 cm großes Rechteck zu. Falten und bügeln Sie es längs auf die Hälfte zusammen, die linke Stoffseite liegt innen. Nach dem Öffnen stecken, heften und steppen Sie ein 48 cm langes Satinband in Längsrichtung mittig auf der Vorder-seite des Bundes fest. Für die Bindebänder schneiden Sie zwei 8 x 48 cm große Streifen aus dem Vichykaro-Stoff zu. Um Bund und Binde-bänder fertigzustellen, folgen Sie der Anleitung auf Seite 119 oben.

Schlicht und einfach

Dem Prinzip der Quäker gehorchend, ist diese Schürze ein Ausbund an Zurückhaltung. Obwohl die Machart etwas kniffelig ist und Zeit braucht, wirkt das Ergebnis einfach schlicht. Auf Symmetrie und Ordnung ist bei der Doppelreihe kleiner Taschen zu achten. Oben sind sie mit weißer Einfassung betont, passend zum Schürzen- und Bundrand. Sanfte Farben und der rustikale Stoff verstärken die Schlichtheit. Echt und zeitlos wirkt dieser unaufdringliche Stil. Bei sorgfältiger Verarbeitung hält die Schürze ein Leben lang – Ihre Kinder werden sie ebenso schätzen wie Sie.

Sie brauchen:

50 cm Leinenstoff (110 cm breit) für Schürzteil, Taschen und Bindebänder

300 cm Schrägband in einem Kontrastton (2,5 cm breit)

Baumwoll-Stickgarn im selben Kontrastton

Schnittmusterpapier

Nähmaschine

Nadel und passendes Nähgarn

Schneiderkreide

Nähen Sie mit einer 1,5 cm breiten Nahtzugabe, sofern nichts anderes vermerkt ist.

1. Für das Schürzenteil schneiden Sie aus dem Leinenstoff ein 44 x 58,5 cm großes Rechteck zu. Legen Sie es mit der rechten Stoffseite nach oben auf den Tisch, eine der Schmalseiten zeigt zu Ihnen. Runden Sie die unteren beiden Ecken ab, indem Sie dort eine Schale (14,5 cm Durchmesser) auflegen und den Umriss mit Schneiderkreide nachzeichnen. Den überschüssigen Stoff schneiden Sie entlang der Kreidelinie ab.

2.

Für die Ausarbeitung des vorgetäuschten Bundes falten Sie die Oberkante der Schürze 5 cm breit zur linken Stoffseite um und bügeln diese Kante mit Dampf. Falten und bügeln Sie den Rand dann nochmals 5 cm nach links. Mit einem 48 cm langen Schrägband fassen Sie die obere Faltkante ein, wie auf Seite 112 unten beschrieben. Achten Sie jedoch darauf, dass dabei die Schnittkante im Inneren der Falte fest eingenäht wird. Klappen Sie den Bund nach oben und bügeln Sie das auf der Fläche sitzende Schrägband nach unten in Richtung Schürzenfläche. Den oberen Bundrand fassen Sie ebenfalls mit einem 48 cm langen Schrägband wie gewohnt ein (siehe Seite 112).

3.

Fertigen Sie anhand des Taschenmusters 5 auf Seite 126 einen Papierschnitt an und schneiden Sie mit seiner Hilfe vier Taschenformen aus dem Leinenstoff zu. Fassen Sie an jeder Tasche die obere Kante mit einem 14 cm langen Schrägband ein. Die übrigen drei Ränder falten und bügeln Sie 1,5 cm breit auf die linke Stoffseite, wobei Sie an den Rundungen sorgfältig kleine Fältchen in den Stoffüberschuss bügeln. Stecken und heften Sie die vier Taschen auf die Schürze, dann nähen Sie sie möglichst knappkantig fest. Zusätzlich steppen Sie, im Abstand von 1 cm zum Rand, daneben eine zweite Naht auf die Tasche – sie dient auch als Hilfslinie, wenn Sie nun mit dem Stickgarn eine Zierlinie aus langen Vorstichen rund um jede Tasche sticken.

4.

Für die Bindebänder schneiden Sie aus dem Leinen-stoff zwei 9 x 60 cm große Streifen zu. Falten Sie sie längs auf die Hälfte zusammen (rechts auf rechts). Steppen Sie ein Ende und die offene Längsseite zusammen. Die Ecken schrägen Sie ab. Wenden und bügeln Sie die Bänder, dann stecken Sie sie mit bündigen Schnittkanten auf die Bund-vorderseite. Steppen Sie die Bindebänder 5 mm neben der Kante fest.

5. Fassen Sie die Schnittkante der Schürze rund-herum mit einem 145 cm langen Schrägband ein; die Enden oben am Bund schlagen Sie vor dem Annähen sorgfältig nach innen.

Einfach musterhaft

Antike Stickmustertücher standen Pate für diese einfache Schürze. Handgestickte Bordüren an Saum und Tasche machen sie zu etwas Besonderem. Ob Sie ein simples Muster sticken oder sich an kompliziertere Motive wagen wie das ABC, einen Namenszug oder Blumen – das Vichykaro hilft, sorgfältig zu arbeiten und die Abstände zwischen den Kreuzchen gleichmäßig zu halten. Eine hübsche Alternative zur Zackenlitze wäre eine gestickte Gänseblümchenreihe.

Sie brauchen:

70 cm Vichykaro-Stoff (112 cm breit) für Schürzenteil, Bund, Bindebänder und Tasche

228 cm Zackenlitze (breit) in einer Kontrastfarbe

Baumwoll-Stickgarne in Kontrastfarben

Nähmaschine

Nadel und passendes Nähgarn

Nähen Sie mit einer 1,5 cm breiten Nahtzugabe, sofern nichts anderes vermerkt ist.

1. Schneiden Sie aus dem Karostoff für das Schürzenteil ein 50 x 58 cm großes, für die Tasche ein 17 x 24 cm großes Rechteck und für die Bindebänder zwei 9 x 83 cm große Streifen zu.

2. Versäubern Sie die beiden Schmalseiten und eine Längsseite der Schürze mit einem aufgesteppten Saum (siehe Seite 114 oben), wobei Sie die Kanten zweimal 1,5 cm breit zur linken Stoffseite umschlagen. Nähen Sie 52 cm Zackenlitze im Abstand von 8 cm zur Saumkante unten auf die Schürze, die Enden schlagen Sie vor dem Feststeppen sorgfältig ein. Danach steppen Sie 142 cm Zackenlitze auf die gesäumten Seitenränder und den unteren Rand der Schürze.

3.

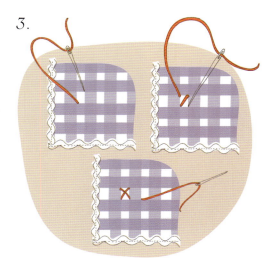

Sticken Sie ein Kreuzstichmuster mit verschiedenfarbigen Baumwoll-Stickgarnen unten in den von der Zackenlitze gebildeten rechteckigen Bereich.

4.

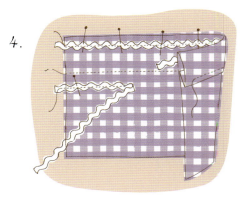

Versäubern Sie die Tasche an der oberen Schmalkante mit einem aufgesteppten Saum, wobei Sie die Kante 1,5 cm und dann 5 cm nach links umschlagen. Nähen Sie zwei 17 cm lange Zackenlitzen oben auf die Tasche und sticken Sie Kreuzstiche dazwischen. Die drei anderen Kanten bügeln Sie 1,5 cm nach links um, dann nähen Sie die Tasche knappkantig auf die Schürze.

5.

Am oberen Schürzenrand legen Sie den Stoff rechts und links in jeweils eine gegenläufige Falte, bis die Gesamtbreite 44 cm beträgt. Um die Mitte zu kennzeichnen, legen Sie die Schürze längs auf die Hälfte zusammen und schneiden oben eine kleine Kerbe in die Kante.

6. Zum Anfertigen und Befestigen von Bund und
Bindebändern in einem Arbeitsgang orientieren Sie
sich an der Anleitung auf Seite 118.

Schäferszenen im Rokoko-Stil

Die unglückliche französische Königin Marie Antoinette würde sich in diese Schürze verlieben – und womöglich darüber ihren Kopf verlieren! Derart gekleidet hätte sie sicher gern ihre Lämmer über die Felder rund um das Hameau geführt, ihr „Spieldorf" in Versailles. Das duftige Modell, genäht aus Toile de Jouy und mit Spitzen verziert, versprüht den bukolischen Charme eines Fragonard-Gemäldes aus dem französischen Rokoko.

Sie brauchen:

60 cm Toile de Jouy (Baumwollstoff mit historischem Dekor, 280 cm breit) für Schürzenteil, Volants, Nackenband und Bindebänder

360 cm Spitzenband (3,5 cm breit)

Schnittmusterpapier

Nähmaschine

Nadel und passendes Nähgarn

Nähen Sie mit einer 1,5 cm breiten Nahtzugabe, sofern nichts anderes vermerkt ist.

1.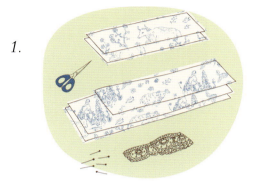

Für das untere Rockteil schneiden Sie aus dem Baumwollstoff ein 14 x 66 cm und ein 19 x 66 cm großes Rechteck zu sowie einen 16 x 87 cm großen Streifen für den oberen und zwei 21 x 123 cm große Streifen für den mittleren und unteren Volant.

2. Versäubern Sie an den drei Volants jeweils alle Schmalseiten und die untere Längsseite mit einem aufgesteppten Saum (Seite 114 oben), wobei Sie die Kanten 5 mm und dann 9 mm breit nach links umschlagen und knappkantig feststeppen.

3.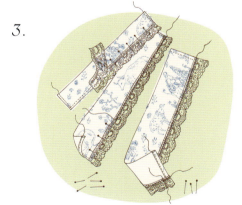

Verzieren Sie den oberen Volant mit einem 88 cm langen Spitzenband sowie den mittleren und unteren Volant mit zwei 124 cm langen Spitzenbändern. Dazu nähen Sie sie mit einem schmalen Zickzackstich von rechts auf die gesäumten Längskanten. Anfang und Ende der Bänder schlagen Sie vor dem Feststeppen sorgfältig um.

4.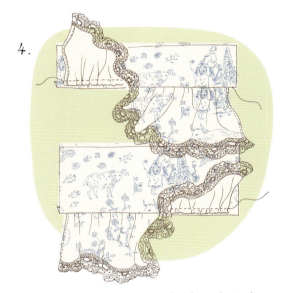

Am mittleren und unteren Volant kräuseln Sie die oberen Schnittkanten per Hand oder Maschine ein, bis sie 60 cm lang sind (siehe Seite 114 und 115). Nähen Sie den unteren Volant mit seinem gekräuselten Rand unten ans breitere untere Rockteil (rechts auf rechts), wobei rechts und links außen 3 cm frei bleiben müssen. Nähen Sie ebenso den mittleren Volant mit seinem gekräuselten Rand unten ans schmalere Unterrockteil – auch hier bleiben wieder beidseitig 3 cm frei.

5. Verbinden Sie das schmale Teil (oben) mit dem breiten Rockteil (unten). Dazu legen Sie die Teile, rechts auf rechts, mit bündigen Schnittkanten übereinander und nähen sie durch alle Lagen hindurch an der Längskante zusammen. Die Seiten des unteren Rocks versäubern sie mit einem aufgesteppten Saum, wobei Sie die Ränder zweimal 1,5 cm breit zur linken Stoffseite umschlagen.

6.

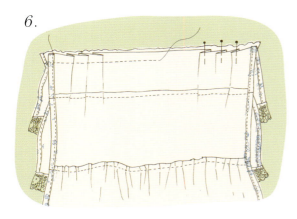

Um die Taillenbreite des unteren Rockteils auf 42 cm zu reduzieren, legen Sie die Schnittkante beidseitig in drei 1,5 cm tiefe Falten. Den oberen Volant bringen Sie durch Kräuseln aufs gleiche Maß und nähen ihn oben mit bündigen Schnittkanten auf die rechte untere Rockseite.

7. Für das Schnittmuster des Schürzenlatzes schneiden Sie ein 25 x 25 cm großes Quadrat aus Papier aus. An der Seite, die später die Oberkante sein soll, messen Sie von jeder Ecke 2,5 cm ab. Von dort aus ziehen Sie an jeder Seite eine Linie bis hinunter zur korrespondierenden Ecke an der rechten und linken Seite. Schneiden Sie entlang diesen Linien das über- schüssige Papier ab.

8. Legen Sie das Schnittmuster auf den Baumwollstoff und schneiden Sie den Latz zu. Schneiden Sie außer- dem einen 4,5 x 22 cm großen und zwei 4,5 x 70 cm große Streifen aus diesem Stoff zu und bereiten Sie damit die Einfassungen vor (siehe Seite 112 unten).

9.

Fassen Sie die Latzoberkante mit dem kurzen Strei- fen ein. Die Enden schrägen Sie ab – den seitlichen Schnittkanten folgend. Nähen Sie ein 20 cm langes Spitzenband darunter auf den Latz. Mit den 70 cm langen Stoffstreifen fassen Sie die Seitenkanten ein und sorgen gleichzeitig für die Nackenbänder. Achten Sie beim knappkantigen Absteppen darauf, alle Schnittkanten einzuschließen und die Enden des Bandes einzuschlagen.

10.

Kennzeichnen Sie die senkrechte Mitte am Latz und am Rockteil der Schürze mit einer Kerbe (siehe Seite 113 unten), bevor Sie den Latz, links auf links, mit bündigen Schnittkanten mittig aufs Rockteil stecken und heften. Steppen Sie ihn mit einer 1,5 cm breiten Nahtzugabe darauf fest.

11. Zum Anfertigen und Befestigen von Bund und Bindebändern schneiden Sie einen 9 x 153 cm großen Streifen aus dem Baumwollstoff zu und orientieren sich an der Anleitung auf Seite 118.

12. Bügeln Sie den Bund in Richtung Latz. Fixieren Sie ihn dort, indem Sie seinen oberen Rand knappkantig und durch alle Stofflagen hindurch auf den Latz steppen.

Süß und wendig

Von der Cheerleading-Mode inspiriert ist diese verspielte, einem Tellerrock ähnelnde Wendeschürze – sie wirkt fröhlich und kokett, frisch und modern. Genäht wird sie aus zwei verschieden gemusterten Halbkreisen: So kann man wählen, ob die geblümte oder die unifarbene Seite sichtbar sein soll. Die Taschen sind einfarbig gefüttert, das stabilisiert sie beim Einfassen und gibt einen schönen Kontrast: Diese Ränder setzen die nötigen leuchtenden Akzente auf den zart gemusterten Stoff. Für den echten Retrolook ersetzen Sie die Taschen durch applizierte Pudelmotive und nähen eine mehrreihige Bordüre aus Zackenlitze an Taille und Saum.

Sie brauchen:

70 cm geblümten Baumwollstoff (112 cm breit) für die äußere Schürzenlage und die Taschen

90 cm einfarbigen Baumwollstoff (112 cm breit) für die innere Schürzenlage, Taschenfutter, Bund und Bindebänder

zwei 56 cm lange Schrägbänder in passender Farbkombination (2 cm breit)

Schnittmusterpapier

Nähmaschine

Nadel und passendes Nähgarn

Nähen Sie mit einer 1,5 cm breiten Nahtzugabe, sofern nichts anderes vermerkt ist.

1.

Schneiden Sie aus Papier ein 58 x 58 cm großes Quadrat zu. Falten Sie es diagonal auf die Hälfte zusammen und das dadurch erhaltene Dreieck noch ein weiteres Mal. Wiederholen Sie diesen Vorgang so oft, bis sich eine Art Fächer mit acht Segmenten ergibt.

2.

Legen Sie das Papier auseinandergefaltet auf den Tisch. Die Ecke, wo alle Falten enden, liegt rechts oben. Messen Sie von dort aus 14 cm an allen Faltlinien ab und kennzeichnen Sie diese Stellen mit einem Stift. Messen Sie von diesen Markierungspunkten aus weitere 41 cm an jeder Faltlinie ab, die Sie wiederum markieren. Verbinden Sie nun jede Punkteserie so, dass Sie einen kleinen und einen großen Viertelkreis erhalten. Entlang diesen Linien schneiden Sie sorgfältig die linke untere und die rechte obere Ecke weg. Nun können Sie mit diesem Papierschnitt die zwei Stoffe für den Rock halbkreisförmig zuschneiden.

3. Legen Sie den geblümten Stoff auf die Hälfte zusammen. Stecken Sie den Papierschnitt so darauf fest, dass eine der geraden Kanten am Stoffbruch liegt. Schneiden Sie diese äußere Schürzenlage zu und aus dem Uni-Stoff genauso die innere.

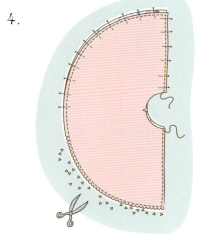

4. Falten Sie die Stoffteile auseinander und legen Sie sie, rechts auf rechts, exakt übereinander. Stecken, heften und steppen Sie sie entlang den zwei geraden Kanten und der äußeren Rundung zusammen. Schrägen Sie die Ecken ab, ohne die Naht zu zerschneiden. Kürzen Sie die Zugaben und schneiden Sie an der Rundung viele kleine Kerben hinein.

5. Zum Verstürzen wenden Sie diesen Halbkreis auf rechts, bügeln rundherum die Nähte mit Dampf und steppen den Stoff 5 mm neben allen Nahtkanten sorgfältig ab.

6. Die offene runde Taillenkante steppen Sie mit einer 1,2 cm breiten Nahtzugabe zusammen. Damit sich später der Rand beim Annähen des Bundes dehnt, knipsen Sie die Zugabe mehrfach ein.

7. Für die Taschen schneiden Sie jeweils zwei Kreise aus dem geblümtem und dem einfarbigem Stoff zu. Als Schablone kann dafür ein Teller mit 16 cm Durchmesser dienen. Stecken Sie jeweils einen geblümten und einen einfarbigen Kreis übereinander, mit den linken Stoffseiten nach innen. Steppen Sie die Kreise, 5 mm neben der Kante, rundherum zusammen. Fassen Sie diese beiden Taschen jeweils mit einem 54 cm langen Schrägband rundherum ein (siehe Seite 112 unten).

8. Nähen Sie die erste Tasche oben auf die Schürze, dabei steppen Sie durch die vorhandene Naht. Befestigen Sie ungefähr ein Dreiviertel des Umfangs: mit genügend breitem Eingriff für die Hand. Darunter nähen Sie die zweite Tasche fest – die erste Tasche leicht abdeckend. Klappen und bügeln Sie die offenen Kreissegmente nach unten.

9. Um den Bund zu nähen, schneiden Sie aus dem einfarbigen Stoff einen 12 x 48 cm großen Streifen zu und folgen der Anleitung auf Seite 117.

10. Für die Bindebänder schneiden Sie aus dem einfarbigen Stoff zwei 8 x 70 cm große Streifen; nähen Sie sie nach der Anleitung auf Seite 119 unten fertig. Stecken Sie die Bänder mit der offenen Seite von links auf die Enden des Bundes, die Schnittkanten liegen bündig darauf. Steppen Sie sie mit einer senkrechten Naht fest und kürzen Sie die Nahtzugabe etwas. Klappen Sie die Bänder nach außen und steppen Sie sie nochmals fest, wobei Sie die Nahtzugabe ganz einschließen.

Grundtechniken

APPLIKATION

1. Zeichnen Sie das Motiv auf dünnen Karton; schneiden Sie es als Schablone aus.

2. Schneiden Sie aus aufbügelbarem Haftvlies (für Applikationen, beidseitig klebend) ein Rechteck aus, es muss groß genug sein für das gewählte Motiv. Legen Sie das Vliesstück mit der rauen Seite nach unten auf die linke Seite des ähnlich großen Applikationsstoffs und bügeln Sie das Vlies fest.

3. Legen Sie dann die Kartonschablone auf das Trägerpapier des Vlieses und zeichnen Sie die Kontur nach.

4. Schneiden Sie das Motiv sorgfältig aus und ziehen Sie das Trägerpapier ab.

5. Legen Sie das Motiv, mit der Klebeseite nach unten, auf die vorgesehene Stelle des Grundstoffs und bügeln Sie es fest.

6. Für den perfekten Abschluss steppen Sie den Rand rundherum mit einem kleinen Zickzackstich an der Nähmaschine ab.

EINE KANTE EINFASSEN

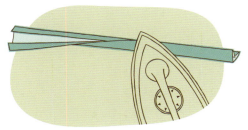 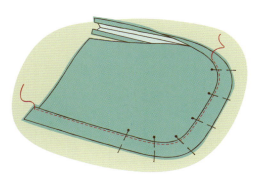

1. Wenn Sie Schrägband verwenden, das noch nicht doppelt vorgefalzt ist, gehen Sie so vor: Falten Sie einen Schrägstreifen der Länge nach auf die Hälfte zusammen und schlagen Sie die Längskanten nach innen ein. Dabei bügeln Sie den Streifen.

2. Schieben Sie die Schnittkante des einzufassenden Stoffteils sorgfältig in diesen gefalteten Schrägstreifen. Stecken, heften und steppen Sie ihn knappkantig fest. TIPP: Bringen Sie den Streifen zuerst mit dem Dampfbügeleisen in Form, bevor Sie ihn an Rundungen annähen – so lassen sich Beulen vermeiden.

GEKREUZTE SCHLEIFE

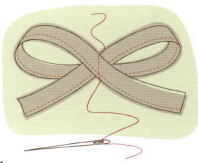

1. Falten Sie einen Schrägstreifen längs auf die Hälfte zusammen, die Kanten schlagen Sie nach innen ein. Stecken, heften und steppen Sie den Streifen zusammen. Legen Sie ihn zu einer gekreuzten Schleife, deren Mitte Sie mit wenigen Stichen sichern.

2. Wickeln Sie einen genauso gefalteten kurzen Schrägstreifen in der Mitte um die Schleifenkreuzung. Mit wenigen Stichen nähen Sie ihn auf der Rückseite fest.

ELEGANTE SCHLEIFE

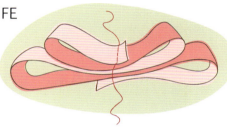

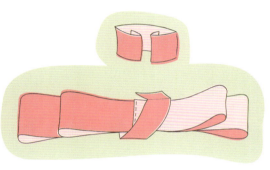

1. Schneiden Sie ein ausreichend langes Satinband ab und legen Sie es im Zickzack zu einer mehrlagigen Schleife, wobei die oberen Schlaufenpaare kleiner ausfallen als die unteren. Zum Sichern nähen Sie in der Mitte einmal quer durch alle Lagen hindurch.

2. Wickeln Sie danach ein kurzes Satinband um die Mitte dieser eleganten Schleife. Nähen Sie diese kleine Binde, mit eingeschlagenen Enden, auf der Rückseite mit wenigen Stichen fest.

MARKIERUNG DER MITTELLINIE

Bei symmetrischen Schnittteilen einer Schürze ist es hilfreich, die senkrechte Mittellinie beim zugeschnittenen Stoff zu kennzeichnen (Passzeichen). Dazu legen Sie die Schnittteile längs auf die Hälfte zusammen, um so oben und unten an der Faltkante eine Kerbe in die Nahtzugaben zu schneiden. Wenn Sie dann – vor dem Zusammennähen der Teile – diese Mittelmarkierungen zur Deckung bringen, wird das Modell akkurater.

AUFGESTEPPTER SAUM

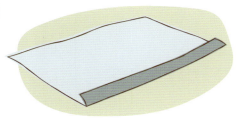

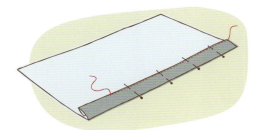

1. Je nach Maßangabe beim jeweiligen Schürzenmodell falten Sie die Schnittkante zur linken Stoffseite um und bügeln diese Saumzugabe.

2. Falten Sie den Rand erneut in der jeweils angegebenen Breite zur linken Stoffseite um. Stecken, heften und steppen Sie den Saum knappkantig fest, indem Sie nah an der ersten (inneren) Faltkante nähen.

SCHNITTKANTEN VERSÄUBERN – DREI METHODEN

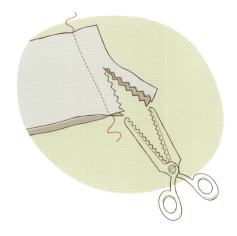

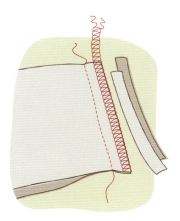

1. Schneiden Sie die Nahtzugaben mit einer Zickzackschere zurück.

2. Umnähen Sie jede einzelne Schnittkante der Nahtzugabe mit einem lang und breit eingestellten Zickzackstich.

3. Beim professionellen Abschluss mit einer Overlock-Nähmaschine werden die Kanten gleichzeitig beschnitten und mit Überwendlingsstichen versäubert.

STOFF VON HAND KRÄUSELN

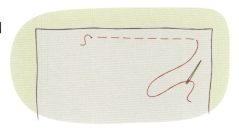

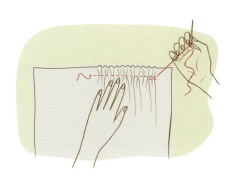

1. Mit Nadel und Faden nähen Sie eine Linie aus einfachen Heftstichen an der Stoffkante entlang, die gekräuselt werden soll.

2. Mit angezogenem Faden kräuseln Sie den Stoff sachte und gleichmäßig, bis er die richtige Länge hat. Das Ende sichern Sie mit einigen Stichen.

STOFF MIT DER NÄHMASCHINE KRÄUSELN

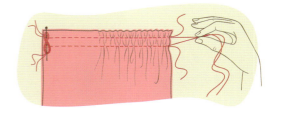

1. Stellen Sie an der Nähmasch ne die größtmögliche Stichlänge ein. Steppen Sie zwei parallel verlaufende Linien entlang der zu kräuselnden Kante, die erste etwa 1 cm von ihr entfernt.

2. An einer Seite sichern Sie alle Fäden mit einer Stecknadel. An der anderen Seite ziehen Sie entweder den Ober- oder den Unterfaden von jeweils beiden Nähten an, um den Stoff gleichmäßig zu kräuseln, bis er die richtige Länge hat. Am Ende fixieren Sie diese Fäden.

3. Um den gekräuselten Stoff auf einen anderen Stoff zu nähen, steppen Sie ihn mit normaler Stichlänge und genau zwischen den zwei Kräuselnähten fest. Dann ziehen Sie die Fäden der beiden parallel laufenden Hilfsnähte heraus.

AUFGESETZTE TASCHE: VERSTÜRZT

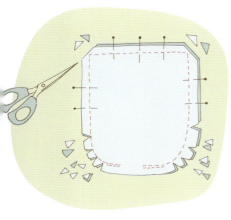

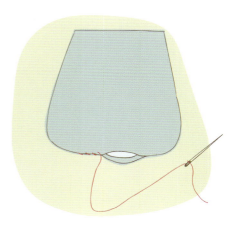

1. Schneiden Sie die Taschenform zweimal zu. Legen, stecken und heften Sie die Teile passgenau rechts auf rechts aufeinander. Steppen Sie sie mit der angegebenen Nahtzugabe rundherum zusammen, wobei Sie jedoch unten eine Lücke lassen – sie soll so groß sein, dass sich die Tasche später zum Wenden hindurchziehen lässt. Rechtwinkelige Ecken schneiden Sie schräg zurück. Kürzen Sie die Nahtzugaben und schneiden Sie an den Rundungen kleine Kerben hinein.

2. Wenden Sie die Tasche sorgfältig auf rechts und bügeln Sie die genähten Kanten mit dem Dampfbügeleisen flach.

3. Schieben Sie die noch sichtbaren Nahtzugaben der verstürzten Tasche in die Öffnung hinein und nähen Sie diese sorgfältig mit Staffierstichen zu.

AUFGESETZTE TASCHE: MIT STÜTZNAHT GESÄUMT

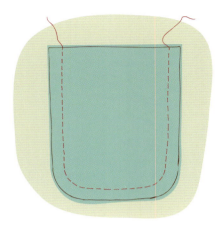

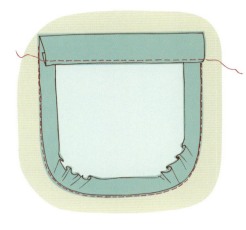

1. Steppen Sie mit farblich passendem Garn an drei Seiten um die Tasche herum – genau eine Saumzugabenbreite von der Schnittkante entfernt.

2. Von dieser Stütznaht aus klappen und bügeln Sie die Saumzugabe mit dem Dampfbügeleisen auf die linke Stoffseite um. Dabei bügeln Sie an den Rundungen sorgfältig kleine Fältchen in den Stoffüberschuss.

3. Die obere Taschenkante versäubern Sie mit einem aufgesteppten Saum.

AUFGESETZTE TASCHE: MIT SCHABLONE

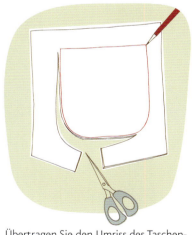

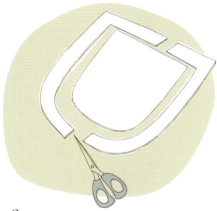

1. Übertragen Sie den Umriss des Taschen-Schnittmusters auf dünnen Karton und schneiden Sie die Form aus.

2. Um eine Schablone von der eigentlichen Taschenform anzufertigen, schneiden Sie die enthaltene Saumzugabe rundherum sorgfältig ab.

3. Legen Sie die Schablone mittig auf die linke Stoffseite des Taschenteils. Klappen Sie die Saumzugaben um die Schablonenkanten herum und bügeln Sie sie rundherum mit dem Dampfbügeleisen flach. Entfernen Sie die Schablone, bevor Sie die Tasche auf die Schürze nähen.

ECKEN ABSCHRÄGEN

Um nach dem Verstürzen eines Teils schöne rechtwinkelige, beulenfreie Ecken zu erhalten, schneiden Sie dort vorher die Nahtzugaben schräg ab: bis dicht an die Naht, ohne die Nähfäden zu beschädigen.

SCHÜRZENBUND: GRUNDTECHNIK

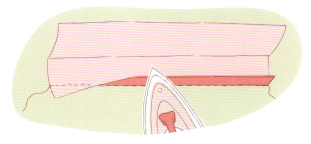

1. Für einen einfachen Bund schneiden Sie einen Stoffstreifen in der Größe zu, die beim Modell angegeben ist. Falten Sie ihn, links auf links, längs auf die Hälfte zusammen. Bügeln Sie diesen Stoffbruch, er wird die obere Bundkante.

2. Steppen Sie eine Stütznaht (1,5 cm neben einer Längskante) und bügeln Sie die Nahtzugabe auf die linke Stoffseite. Dieser Schritt erleichtert später die Bundverarbeitung.

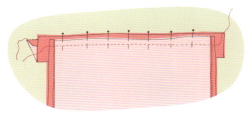

3. Stecken Sie die andere, offene Schnittkante des Bundstreifens rechts auf rechts oben an die Schürze, dabei liegen die Schnittkanten passgenau übereinander. Steppen Sie beide Teile zusammen.

4. Klappen Sie den Bund nach oben. Öffnen und wenden Sie ihn, so dass der Bundstoff rechts auf rechts liegt. Stecken und steppen Sie beide Enden füßchenbreit zusammen. An den Ecken schneiden Sie die Nahtzugaben bis dicht an die Naht schräg ab.

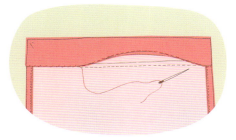

5. Wenden Sie den Bund so auf rechts, dass die obere Schürzenkante und alle Nahtzugaben des Bundes innen liegen. Schließen Sie die Öffnung, indem Sie die gebügelte Faltkante (mit Stütznaht) mit kleinen Heftstichen per Hand von innen gegen die Stepplinie nähen.

BUND UND BINDEBÄNDER: IN EINEM ARBEITSGANG

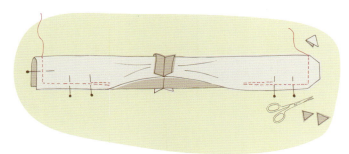

1. Um Schürzenbund und Bindebänder in einem Arbeitsgang zu nähen, schneiden Sie zwei Stoffstreifen in der Größe zu, die beim jeweiligen Modell angegeben ist. Nähen Sie sie zu einem langen Streifen zusammen. Die Nahtzugaben bügeln Sie auseinander. Falten Sie den Streifen, rechts auf rechts, längs auf die Hälfte zusammen. Steppen Sie die Enden und von dort aus jeweils die offene Längskante zusammen, lassen aber in der Mitte mindestens 50 cm frei. An den Ecken schrägen Sie die Zugaben bis dicht an die Naht ab.

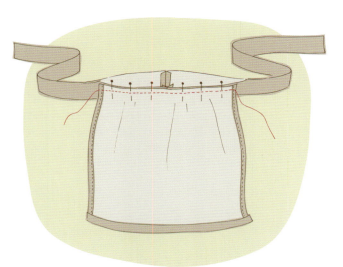

2. Wenden Sie den langen Streifen auf rechts und bügeln Sie ihn. Stecken und heften Sie eine der noch offenen Schnittkanten rechts auf rechts oben an die Schürze. Dabei müssen die mittlere Naht des Bundes und die Mittelmarkierung der Schürze passgenau aufeinanderliegen. Steppen Sie die Teile zusammen.

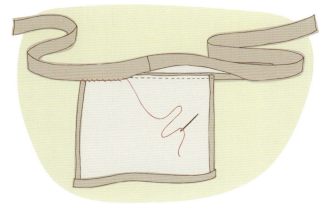

3. Klappen Sie den Bund nach oben, der obere Schürzenrand liegt innen. Die noch offene Saumzugabe falten Sie ebenfalls nach innen. Schließen Sie die Öffnung von Hand mit kleinen Heftstichen.

BINDEBÄNDER AN EINEN BUND NÄHEN

1. Um zunächst den Bund zu nähen, folgen Sie den Schritten 1, 2 und 3 der Anleitung „Schürzenbund: Grundtechnik" auf Seite 117.

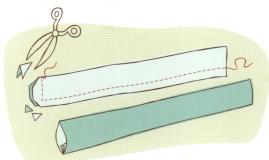

2. Für die Bindebänder schneiden Sie zwei Stoffstreifen im benötigten Maß zu und falten sie längs auf die Hälfte zusammen (rechts auf rechts). Steppen Sie ein schmales Ende und die offene Längsseite zusammen. Ecken schrägen Sie ab. Wenden Sie die Bänder.

3. Legen Sie die Schnittkanten der Bandenden und die der Bundvorderseite passgenau aufeinander, wobei zwischen Bändern und Bruchkante ein kleiner Abstand bleiben soll. Stecken, heften und nähen Sie die beiden Bindebänder dort fest.

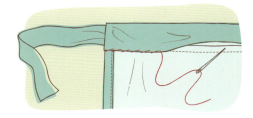

4. Fahren Sie fort mit den Schritten 4 und 5 von der Anleitung „Schürzenbund: Grundtechnik" auf Seite 117.

BINDEBÄNDER: SCHNELL GEMACHT

1. Für ein Bindeband schneiden Sie einen Stoffstreifen in der für das Modell benötigten Größe zu. Falten Sie ihn längs auf die Hälfte zusammen und fassen Sie zusätzlich ein Baumwollband mit ein, das länger sein muss als der Stoffstreifen.

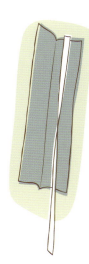

2. Steppen Sie den Stoffstreifen an einem Ende und an der offenen Längsseite zusammen.

3. Ziehen Sie am festgenähten Baumwollband, um das Band auf rechts zu wenden.

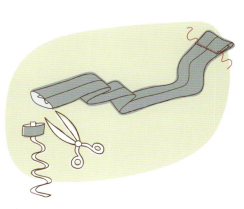

4. Schneiden Sie das zugenähte Ende ab.

5. Rollen Sie den Stoffschlauch so, dass die Längsnaht in der Mitte liegt. Nach dem Bügeln falten Sie ein Ende zweimal um und steppen es mit der Maschine fest.

Taschen-Schnittmuster und Applikationsmotive

Die in Originalgröße abgedruckten Vorlagen enthalten schon die Naht- oder Saumzugaben und sind somit direkt einsetzbar. (Falls bei einem Modell die Breite der Naht- oder Saumzugabe abweichen sollte, ist das bei der jeweiligen Anleitung exakt angegeben.)

Die meisten Vorlagen/Schnittmuster bilden nur eine Hälfte der gewünschten Form ab. Deshalb müssen sie mit der gestrichelten Stoffbruchlinie an der Faltkante des doppelt liegenden Stoffs platziert werden, bevor man die Teile zuschneidet. Man kann aber auch zuerst ein vollständiges Schnittmuster aus doppelt liegendem Schnittmusterpapier anfertigen (dabei ebenfalls die Stoffbruchlinie an die Papierfaltkante legen). In diesem Fall stecken Sie das fertige Schnittmuster nach dem Aufklappen auf den gewählten einlagigen Stoff.

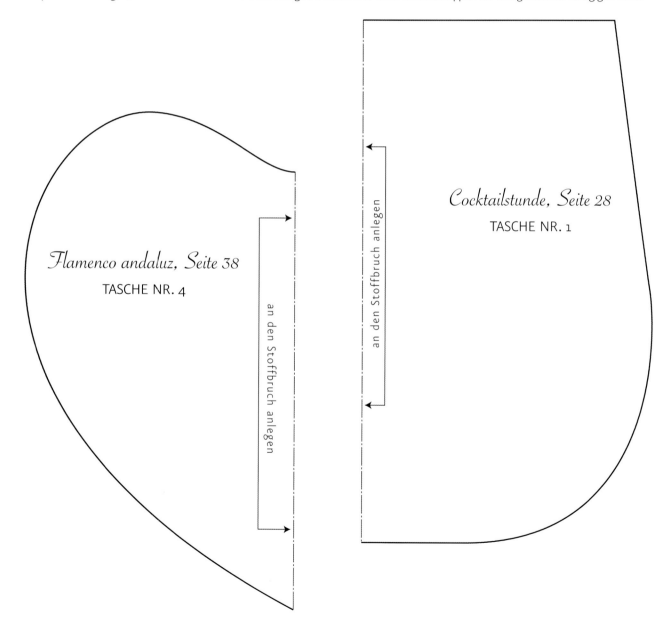

Cocktailstunde, Seite 28

TASCHE NR. 1

an den Stoffbruch anlegen

Flamenco andaluz, Seite 38

TASCHE NR. 4

an den Stoffbruch anlegen

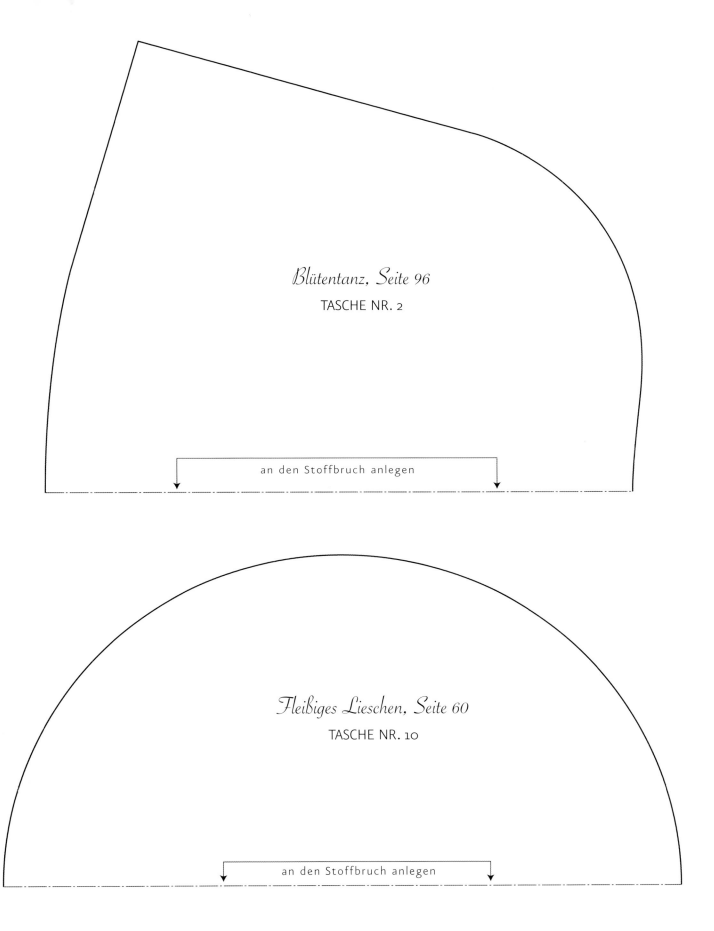

Blütentanz, Seite 96

TASCHE NR. 2

an den Stoffbruch anlegen

Fleißiges Lieschen, Seite 60

TASCHE NR. 10

an den Stoffbruch anlegen

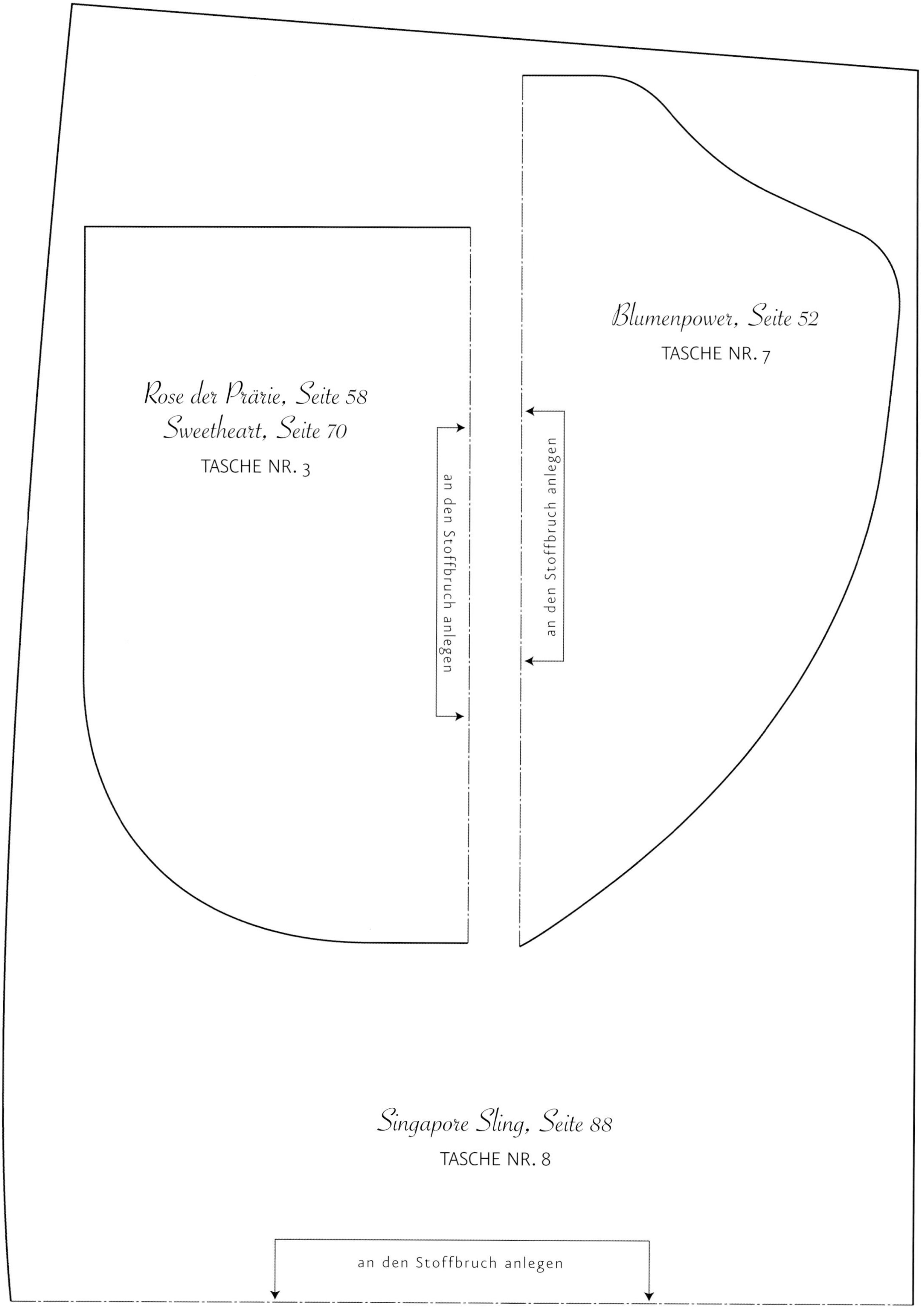

Blumenpower, Seite 52

TASCHE NR. 7

Rose der Prärie, Seite 58
Sweetheart, Seite 70

TASCHE NR. 3

an den Stoffbruch anlegen

an den Stoffbruch anlegen

Singapore Sling, Seite 88

TASCHE NR. 8

an den Stoffbruch anlegen

Feines Kätzchen, Seite 68

KATZEN-APPLIKATION

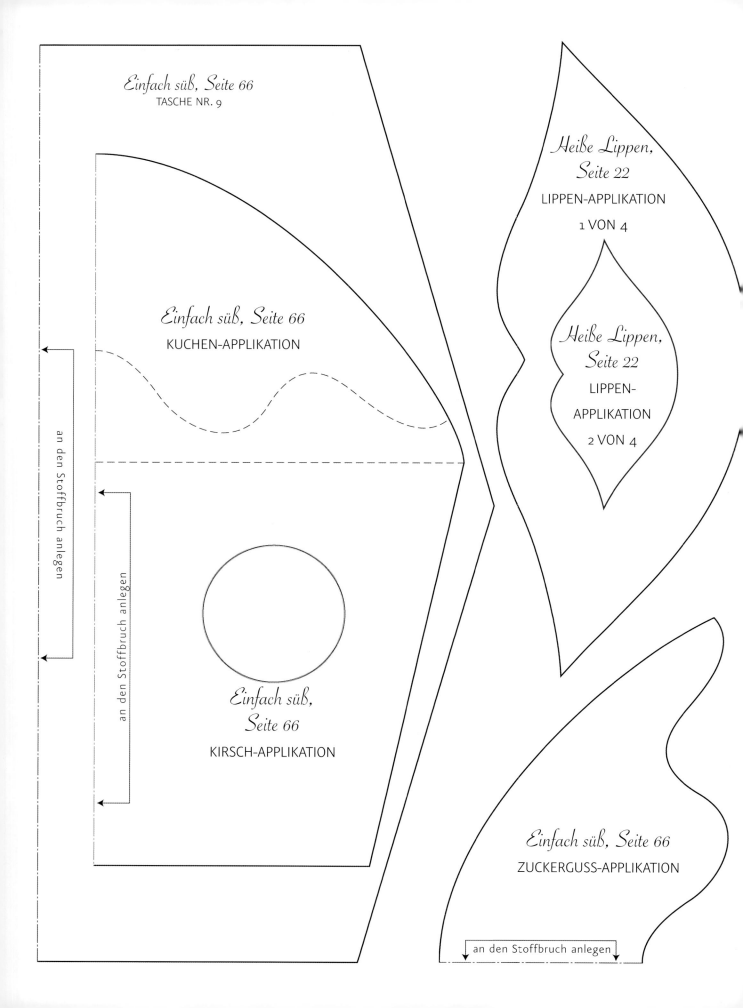

Einfach süß, Seite 66
TASCHE NR. 9

Einfach süß, Seite 66
KUCHEN-APPLIKATION

*Heiße Lippen,
Seite 22*
LIPPEN-APPLIKATION
1 VON 4

*Heiße Lippen,
Seite 22*
LIPPEN-
APPLIKATION
2 VON 4

an den Stoffbruch anlegen

an den Stoffbruch anlegen

*Einfach süß,
Seite 66*
KIRSCH-APPLIKATION

Einfach süß, Seite 66
ZUCKERGUSS-APPLIKATION

an den Stoffbruch anlegen

Diva des Hauses, Seite 62

TEEKANNEN-APPLIKATION

Klarschiff machen,
Seite 100

ANKER-APPLIKATION

Heiße Lippen, Seite 22

LIPPEN-APPLIKATION

3 VON 4

Heiße Lippen, Seite 22

LIPPEN-APPLIKATION

4 VON 4

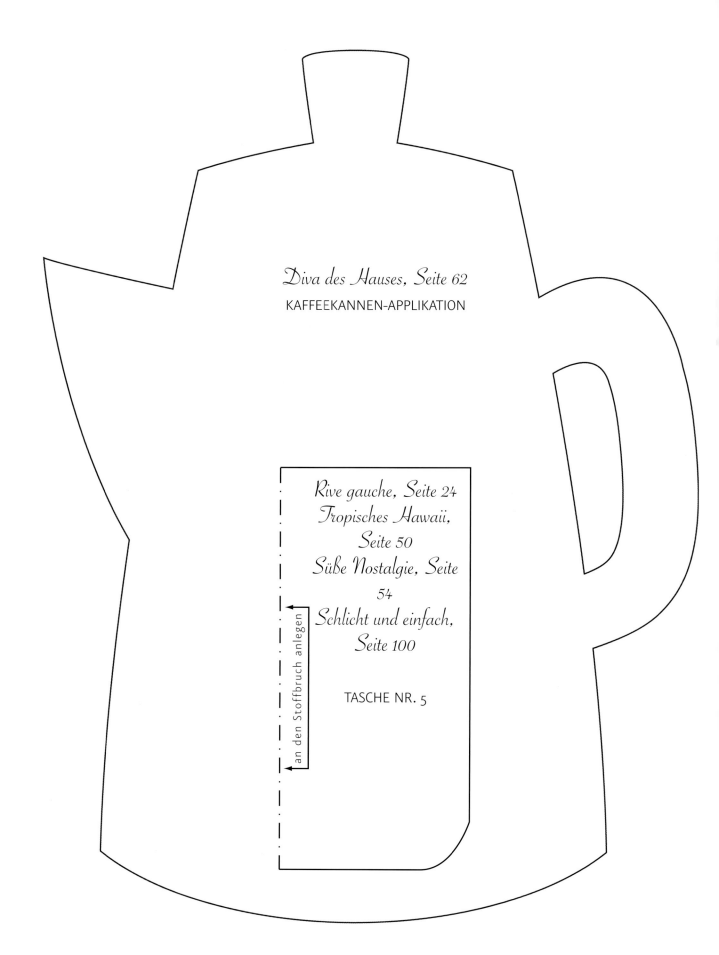

Diva des Hauses, Seite 62

KAFFEEKANNEN-APPLIKATION

Rive gauche, Seite 24

Tropisches Hawaii, Seite 50

Süße Nostalgie, Seite 54

Schlicht und einfach, Seite 100

TASCHE NR. 5

an den Stoffbruch anlegen

Register

Danksagung

Vielen, vielen Dank an Emma Mitchell und Winfried Heinze, die beiden großartigen Fotografen, mit denen die Zusammenarbeit eine Menge Spaß gemacht hat.

Ich bedanke mich bei Trina Dalziel und Stephen Dew, sie haben sich der beachtlichen Herausforderung gestellt und so wundervolle, lebendige Illustrationen gestaltet. Der Dank geht auch an Chris Wood für das tolle Layout der Seiten.

Ein besonderer Dank geht ans Team von CICO Books, besonders an Cindy Richards, für die Gelegenheit, dieses Buch herauszubringen, außerdem an Sally Powell, die mich überhaupt erst bei CICO vorgestellt hat, sowie für ihre unermüdliche Hilfe bei den Foto-Shootings. Und ich bedanke mich bei Pete Jorgensen dafür, dass er alles so gut verstanden hat.

Ein großer Dank gilt meiner Lektorin, Marie Clayton, für ihre unentbehrliche Mitwirkung, außerdem gilt er Annalisa, Betsy, Emily, Felix, Gisela, Kalli, Laura und Lauren, die meine Schürzen so gut ausgearbeitet und dafür gesorgt haben, dass sie noch viel PERFEKTER wurden.

Und zum Schluss sage ich ein ganz besonderes Dankeschön an Luis für einfach alles!